Wandern im Zillertal

Michael Reimer
Wolfgang Taschner

W0060317

Inhalt

Bitte schreiben Sie uns, wenn sich etwas geändert hat!
Alle in diesem Buch enthaltenen Angaben wurden von unseren Autoren
nach bestem Wissen erstellt und von ihnen und dem Verlag mit größtmög-
licher Sorgfalt überprüft. Gleichwohl sind – wie wir im Sinne des Produkt-
haftungsrechts betonen müssen – inhaltliche Fehler nicht vollständig aus-
zuschließen. Daher erfolgen die Angaben ohne jegliche Verpflichtung oder
Garantie des Verlages oder der Autoren. Beide Seiten übernehmen keiner-
lei Verantwortung und Haftung für etwaige inhaltliche Unstimmigkeiten.
Wir bitten dafür um Verständnis und werden Korrekturhinweise gerne auf-
greifen:

DuMont Buchverlag, Postfach 10 10 45, 50450 Köln
E-Mail: reise@dumontverlag.de

Wandern im Zillertal

Wandersaison

Wer Hochtouren in der Nähe des Alpenhauptkamms unternimmt, richtet sich meist nach den Öffnungszeiten der Alpenvereinshütten (Ende Juni bis Mitte Sept.). Außerhalb dieser Periode sind einige sehr lange Touren nicht ratsam. Die Wandersaison im Gerlosgebiet und in den Tuxer Alpen ist etwas länger: Hier findet man oft im Oktober noch ideale Bedingungen vor. Einfachere Wanderungen im Vorderen Zillertal, bei denen man nicht auf Seilbahnen angewiesen ist, kann man das ganze Jahr über durchführen.

Gehzeiten

Bitte beachten Sie: Alle in diesem Wanderführer aufgeführten Zeiten verstehen sich als reine Gehzeiten. Rechnen Sie bei der Planung einer Tour sicherheitshalber noch mindestens ein Viertel der Zeit hinzu, um Pausen für Rast, Fotografieren, kleine Abstecher oder schlimmstenfalls ein Verlaufen zu berücksichtigen. Auch unvorhersehbare Dinge wie Wettersturz oder desolater Wegzustand lassen sich mit einem Zeitpuffer sehr viel besser bewältigen.

Anspruch

In der Rubrik ›Die Wanderung in Kürze‹ wird jeweils darauf hingewiesen, ob es sich bei der Wanderung um eine einfache (+), eine mittelschwere (++) oder eine anspruchsvolle (+++) Tour handelt.

Ausrüstung

Feste Wanderschuhe sind für alle Touren ebenso unerlässlich wie Regenschutz und warme Kleidung, da das Wetter im Gebirge binnen kurzer Zeit umschlagen kann. Bei Touren, wo es über einen längeren Zeitraum keine Einkehrmöglichkeit gibt, gehören Getränke und etwas Proviant mit in den Rucksack. Wer oberhalb der Waldgrenze wandert, sollte Sonnenschutzmittel und Kopfbedeckung nicht vergessen. Nützlich sind auch Teleskopstöcke.

Wanderkarten

Zu empfehlen sind Mayr Wander- und Tourenkarten im Maßstab 1:35 000 oder Kompass Karten im Maßstab 1:25 000. Wem dieser Maßstab zu groß ist, kann auf die Wanderkarten von freytag & berndt oder von Kompass im Maßstab 1:50 000 zurückgreifen. Alle genannten Karten sind im Buchhandel oder in den örtlichen Fremdenverkehrsämtern erhältlich.

Bergwetterdienst

Aktuelles Bergwetter: Tel. 09 00/ 91 15 66-12; Tirolwetter: Tel. 09 00/ 91 15 66-08; Fünf-Tages-Vorschau: Tel. 09 00/91 15 66-10. Im Internet unter www.zillertal.at

Notruf

Allgemeiner Notruf: 144
Bergrettung: 140
Alpines Notsignal: 6x pro Minute (alle 10 Sek.) optisches oder akustisches Signal (Rufen, Pfeifen, Winken), dann 3 Min. Pause, dann wiederholen. Antwort: 3x pro Minute ein Signal.

Mit Bus und Bahn

Der wichtigste öffentliche Verkehrsbetrieb ist die Zillertalbahn, eine Schmalspur-Eisenbahn, die zwischen Jenbach und Mayrhofen verkehrt. Der Bahnhof Jenbach liegt im Inntal und ist Schnellzugstation auf der Strecke Kufstein–Innsbruck. Ab Jenbach gibt es auch eine Busverbindung nach Mayrhofen. Entweder Bus oder Bahn verkehren zwischen 6 und 20 Uhr mindestens einmal pro Stunde. In Mayrhofen gibt es dann regelmäßige Busverbindungen jeweils zum Schwendberg, zum Zillergrund-Stausee, zum Speicher Schlegeis, zum Brandberg, über Gerlos nach Königsleiten sowie nach Hintertux und nach Ramsau. Hinzu kommt die Hochfügen-Linie von Uderns über Fügen nach Hochfügen. Aktuelle Fahrplan-Informationen gibt es unter Tel. 0 52 88/8 71 87 bei der Zillertal-Information sowie bei allen örtlichen Fremdenverkehrsämtern. Wer längere Zeit mit dem Wandern im Zillertal verbringt, sollte sich über das Z-Ticket informieren, das ab 6 Tagen Dauer bei allen Zillertaler Bergbahnen, Freibädern und öffentlichen Verkehrmitteln Gültigkeit besitzt.

SYMBOLE IN DEN KARTEN

- ⌂ Alm, Berghütte, Gasthaus (bewirtschaftet)
- ⌂ Alm, Schutzhütte, Unterstand (unbewirtschaftet)
- ⸸ Kirche
- ⸷ Kapelle
- ⸶ Burg, Schloss
- ⸷ Aussichtsturm
- ⚏ Denkmal, Monument
- ⚒ Bergwerk (aufgelassen)
- † Wegkreuz, Marterl
- ⌁ Rastplatz
- ⌂ Höhle
- ⌇ Wasserfall
- ○ Quelle

Wechselvolle Geschichte

1991 erregt ein sensationeller Fund europaweites Aufsehen: Im Gletschereis des Hauslabjochs in den Ötztaler Alpen wurde eine männliche Leiche aus der Tiroler Steinzeit gefunden. Der ›Ötzi‹, dessen Alter auf rund 5000 Jahre geschätzt wird, gab anhand seiner noch gut erhaltenen Kleidung und Waffen ein aufschlussreiches Bild über das Leben der Alpenbewohner während der Steinzeit.

Noch älteren Datums sind Funde wie die Knochenlanzenspitzen in der Tischoferhöhle bei Kufstein, die aus der Zeit um 2000 v. Chr. stammen. Primitive Steingeräte, die 1938 am Tuxer Joch entdeckt wur-

den und die 7000–8000 Jahre alt sind, zählen zu den ältesten Beweisen dafür, dass sich damals Menschen im Hinteren Zillertal aufhielten. Es handelte sich vermutlich um Jäger aus dem südlicher gelegenen Wipptal, die das Tuxer Joch als Übergang benutzt haben.

Das gesamte Zillertal war nach dem Rückzug der eiszeitlichen Gletscher für lange Zeit ziemlich sumpfig und von undurchdringlichen Wäldern bewachsen. Eine erste dünne Besiedlung des vorderen Tals gab es daher erst in der Bronzezeit (1000 v. Chr.). Als Beleg dienen Urnengräber in Karpfing und bei Schlitters. Die Menschen betrieben damals Acker-

Hänge und der Bau von Höfen bis hinauf zu den sonnigen Almen.

Die großen bayerischen Adligen und Klöster, die das Land vom Kaiser erhalten hatten, schickten immer mehr Bauern ins Zillertal. Sie waren Leibeigene und mussten einen Großteil ihrer Erzeugnisse als Steuer abliefern.

Im 17. Jh. waren die Zillertaler in ganz Mitteleuropa als so genannte ›Ölträger‹ bekannt; sie waren mit Heil bringenden Ölen und Salben unterwegs, die sie aus einheimischen Heilkräutern zusammengemischt hatten. Später kam der fliegende Handel mit Handschuhen hinzu. Weit über die Landesgrenzen hinaus bekannt und beliebt waren in jener Zeit auch zahlreiche Zillertaler Sanges- und Tanzgruppen.

Die Eroberung der Zillertaler Alpen durch die Bergsteiger oder Bergwanderer setzte Mitte des 19. Jh. ein, als ein Gipfel nach dem anderen erstmalig von mutigen Seilschaften erklommen wurde. 1879 entstand als erstes die Berliner Hütte, kurz darauf folgten Olpererhütte, Furtschaglhaus und Plauener Hütte. Klein und einfach ausgestattet, boten sie eine Notunterkunft für die Nacht vor dem Gipfelsturm.

Die faszinierende Ausstrahlung der Bergwelt lockte zu Beginn des 20. Jh. immer mehr Touristen in das Tal. Der Durchbruch des Fremdenverkehrs kam 1902 mit der Einweihung der Zillertalbahn; nach und nach wurden auch die Seitentäler erschlossen. Der Winterfremdenverkehr setzte schließlich 1953 mit dem Bau der Penkenbahn ein. Der Entwicklung des Tourismus zum bedeutendsten Wirtschaftsfaktor stand damit nichts mehr im Weg.

bau und Viehzucht, mancher suchte auch in den höher gelegenen Bergtälern nach Kupfer.

Als die Römer um 15 v. Chr. die Alpen überquerten, besiedelten sie allmählich auch das Zillertal. Sie waren es auch, die um 200 n. Chr. bei Strass die erste Brücke über den Ziller errichteten. Aus dieser Epoche, die bis zum 6. Jh. dauerte, stammen bekannte Flurnamen wie Triplon, Rodaun und Furtschagl.

Nach den Römern wanderten von Norden her die Bajuwaren in das Zillertal ein. In den kommenden 500 Jahren vermischten sich die Volksstämme miteinander und gründeten zahlreiche Orte wie Finsing, Ginzling, Hippach, Kaltenbach und Lanersbach. Nach der Besiedelung des gesamten Talbodens begann im 12. Jh. die Rodung der bewaldeten

Lawinen im Hochgebirge

Im Frühjahr 2000 war es wieder so weit: Im Bereich Rosskopf und Nestspitze löste sich ein gewaltiges Schneebrett und donnerte in Richtung Zemmgrund. Es teilte sich in drei Seitenarme auf und walzte alles nieder, was sich ihm in den Weg stellte. Ganze Baumgruppen wurden mitgerissen: Junge Birken und stattliche Fichten knickten um wie Streichhölzer. Das Ausmaß der Verwüstung ist auch Monate später nicht zu übersehen. Nur Menschen kamen diesmal gottlob nicht zu Schaden.

Allein in Ginzling-Dornauberg gingen in der Wintersaison 1999/2000 durch Lawinen 4000 Festmeter Holz zu Bruch. Und dennoch, lauscht man den alteingesessenen Zillertalern, ist die Bedrohung durch Lawinen gerade im hochalpinen Gelände durchaus normal; bereits

vor Jahrzehnten, als noch kein einziger Hang durch Liftanlagen erschlossen war, sah man dem ›weißen Tod‹ ins Auge. Speziell das Gebiet hinter Ginzling-Dornauberg, das Stillupptal und der Zillergrund sind generell im Winter gesperrt, auch wurde hier kein einziger Lift gebaut.

Doch es gibt Indikatoren, die sehr wohl auf eine Zunahme der Lawinengefahr hinweisen. Das Klima zum Beispiel. Die Winter werden immer milder, und was für das Hochgebirge noch frappierender ist, die größte Schneemenge fällt nicht im Hochwinter, sondern erst im Frühjahr. In den vergangenen zehn Jahren wurde der Januar meist mit lang anhaltenden Hochdruckgebieten verwöhnt, während es dann im März teilweise meterdick schneite. Die Folge: Die Neuschneemengen können sich mit der Altschneedecke nicht verbinden und rutschen schneller als früher als Lawine zu Tal.

Apropos rutschen: Die Hänge bieten im Hochgebirge immer bessere ›Rutschbahnen‹ – dank zunehmender Erosionsschäden. Zum einen trägt jede Lawine selbst zum Abtragen eines Hanges bei, zum anderen stellen die oberhalb der Waldgrenze zahlreich weidenden Kühe ein nicht zu unterschätzendes Problem dar. Zumindest in feuchten Sommermonaten wie der Juli 2000 mit 25 Regentagen; dann nämlich hinterlassen die schweren Tiere tiefe Furchen und Löcher in der ohnehin durchweichten Grasnarbe.

Durch die Lawinen werden auch zahlreiche Wanderwege zerstört. Die Instandsetzung eines Weges ist teuer und zeitaufwändig. Allein um eine Route neu zu markieren, benötigt man drei bis vier Tage Schönwetter ohne Niederschlag, da das Gestein für die Farbbindung sehr trocken sein muss. Dieses Argument führt jedenfalls der Tourismusverband an, um den teilweise desolaten Wegezustand zu entschuldigen. Ob in den Boden gerammte Holzpflöcke als wertvolle Orientierungshilfe auch nur bei Sonne aufgestellt werden können? Wenn dem so sein sollte, wäre der Teufelskreis in regenreichen Sommern niemals zu durchbrechen.

Die Lawinen jedenfalls sind nicht zu stoppen. Oder doch? Die Abbruchstelle der Lawine liegt meist hoch über der Baumgrenze. Um ein Abrutschen zu verhindern, müssten dort alle Hänge mit Schutzdämmen verbaut werden. Das ist jedoch zu kostspielig und daher kaum realisierbar, abgesehen davon, dass eine derartige Maßnahme die Landschaft ziemlich verschandeln würde. Bleibt also allein die Hoffnung auf schneeärmere Winter und trockenere Sommer?

Eine wichtige Rolle für die Erhaltung des ökologischen Gleichgewichts spielen die Bergbauern, die trotz geringer Erträge noch immer Steilflächen bewirtschaften. Denn durch Nicht-Bewirtschaftung dieser Flächen würden die Hänge verwachsen und verwildern, die Stengel und Gräser im Winter knicken und noch bessere Rutschbahnen für Lawinen bilden. Auch Blumen, Sträucher und Kräuter hätten darunter zu leiden. Die oben gescholtene Viehwirtschaft wirkt sich also doch positiv aus – vorausgesetzt, es regnet nicht zu viel.

Lawinenverbauung

Energiequelle Wasser

Wer vom traditionsreichen Fremdenverkehrsort Mayrhofen in die Quelltäler des Ziller, die so genannten ›Inneren Gründe‹, vorstößt, ist von Wildheit und Kontrast der Landschaft ergriffen: Schäumende Bäche in den tief eingegrabenen Schluchten und Klammen, darüber saftig grüne Almen und Wälder, gleißende Firnfelder und kühn in den Himmel ragende Gipfel und Grate. Und überall stürzen imposante Wasserfälle geräuschvoll in die Tiefe.

Die gewaltigen Nährgebiete der Gletscher insbesondere am Zillertaler Hauptkamm stellen einen enormen natürlichen Wasserspeicher dar. Unerschöpflich sprudelt das kostbare Nass aus dem ewigen Eis. Schlegeis-, Waxegg-, Horn-, Schwarzenstein- und Floitenkees entsenden täglich eine unvorstellbar große Wassermenge in Richtung Tal.

Kein Wunder, dass die Bewohner des Zillertals früh auf die Idee kamen, die gewaltigen Wassermengen in Stauseen zu speichern und daraus Energie zu gewinnen.

Die Einrichtung der drei großen Speicherbecken Schlegeis, Stillupp und Zillergründl in den 1960er Jahren war jedoch lange umkämpft;

Natürlich ist das gewaltige Betonkorsett im Bereich der Stauseen zunächst kein schöner Anblick. Im Gegenzug mussten die Tauernkraftwerke, die die Baumaßnahmen einst forsch vorantrieben, den Umweltschützern einige wesentliche Zugeständnisse machen. Dazu zählt die Vorgabe, die ›Inneren Gründe‹ vor weiterer Ausbeutung zu schützen. Dadurch sind langfristig weder neue Liftanlagen noch ausgebaute Schnellstraßen zu befürchten. Das gesamte Gebiet rund um den Zillertaler Hauptkamm wurde zur ›Ruhezone‹ erklärt, was Mensch und Natur letztlich gleichermaßen zugute kommt. In den wildromantischen Seitentälern wird über viele Jahre hinweg allein das Rauschen des Baches den Ton angeben.

Doch ist die Quelle Wasser wirklich unerschöpflich? Der Hauptlieferant Gletscher verliert nämlich an Kraft und Stärke; unaufhörlich und mit zunehmenden Tempo schmilzt das ›ewige Eis‹ im Zuge der globalen Klimaerwärmung dahin.

Wer etwa in einem Abstand von mehreren Jahren die Berliner Hütte besucht, kann das Ausmaß des enormen Gletscherschwunds mit bloßem Auge erkennen. Die Gletscherzungen ziehen sich zurück, die Randklüfte zwischen Fels und Eis werden immer größer und im oberen Bereich schrumpfen die Zährgebiete zusammen. Irgendwann werden die gleißenden Firnfelder verschwinden und die Pegel der Stauseen beträchtlich sinken, was erhebliche Einbußen in der Energiegewinnung nach sich ziehen wird. Auch die großartige Landschaft wird ohne die weißen Farbtupfer sehr viel an Faszination verlieren.

Umweltschützer hatten seinerzeit eine große Protestwelle ausgelöst. Die Baumaßnahmen für den vierten Speicher, den Durlassboden im Gerlostal, waren hingegen bereits im Zweiten Weltkrieg eingeleitet und somit geräuschloser hingenommen worden.

Doch allen Protesten zum Trotz tragen die Speicher heute nicht nur zur sauberen Energiegewinnung, sondern auch erheblich zum Schutz gegen Umweltkatastrophen bei. Denn früher wurde vor allem das Vordere Zillertal nach Unwettern häufig von den unkontrollierten Wassermengen überflutet. Kleine Gebirgsbäche mutierten rasch zum reißenden Strom und hinterließen vielerorts Schneisen der Verwüstung.

Die alten Zillertaler Gerichte

Neben einer faszinierenden Bergwelt hält das Zillertal auch zahlreiche kulinarische Schmankerl für seine Gäste bereit. Denn wer nach einer ausgedehnten Wanderung müde und ausgehungert ins Tal zurückkehrt, hat meist nur noch eins im Sinn: Unter die Dusche und danach sofort ins nächste gemütliche Wirtshaus, um den Tag genüsslich ausklingen zu lassen. Die traditionellen Zillertaler Gerichte sind jedoch nur noch an wenigen Stellen zu finden.

Grundlage vieler Gerichte der einheimischen Küche ist der Graukäs, der ausschließlich im Zillertal hergestellt wird und der den Gerichten seine typische Geschmacksrichtung verleiht. Dieser Kuhmilchkäse wird auch heute noch auf manchen Almen in Handarbeit als längliche Rolle mit etwa 15 cm Durchmesser hergestellt. Das Innere dieser Rolle besteht aus einer milden, quarkähnlichen Masse, während die etwa 2 cm dicke Rinde fest und würzig ist und meist einen leichten Schimmel ansetzt. Je nachdem, ob ein Gericht nun mild oder herzhaft schmecken soll, kommt der entsprechende Teil des Käses hinein.

Das einzige Wirtshaus, das seine Gäste ausschließlich mit Zillertaler Produkten verwöhnt, ist der Griena am südlichen Ortsrand von Mayrhofen (Tel. 0 52 85/6 27 78, reservieren, Mo geschl.). In dem über 400 Jahre alten, denkmalgeschützten Holzhaus nahe der Talstation der Ahornbahn wird in den holzgetäfelten Stuben das passende Ambiente gleich mitgeboten. Die Zillertalerin Lisi, die schon frühmorgens in der Küche mit den Vorbereitungen beginnt, bereitet die Speisen immer noch so wie Ihre Vorfahren zu. Das ist auch der Grund, warum gut die Hälfte der Gäste aus Einheimischen besteht, die selbst manche Gerichte nur noch vom Hörensagen kennen.

Sehr beliebt sind die *Schliachtrnudln*, schmale Bandnudeln in einer schmackhaften cremigen Käsesauce, in der Pfanne am Tisch serviert. Oder das *Zergl*, Kartoffeln, Zwiebeln und Graukäse klein geschnitten, vermengt und in heißem Fett angebraten. Ebenfalls gerne gegessen werden die *Holzknechtkroapfn* aus Omeletteig, gefüllt mit Zergl.

Als Armeleuteessen galten früher die *Erdäpflwirgar,* Bratkartoffeln *(Erdäpflschmarrn)* mit gedörrten Pflaumen *(Banzn)*. Auch die *Köch* zählte dazu, ein Brei aus Butter, Mehl und frischer Milch, eng verwandt mit dem *Melkermus*, das heute nur noch wenige Senner gut zubereiten können. Zu beidem passen

am besten *Grantn* (Preiselbeeren) – natürlich auf der Alm gepflückt.

Den Suppen kommt bei der Zillertaler Küche eine besondere Rolle zu, sie dürfen bei keinem Gericht fehlen. Die Palette reicht von der einfachen *Nudelsuppe* über *Milchsuppe*, *Kasrahmsuppe* und *Knoeflachsuppe* bis zu der *Pressknödelsuppe*, in der wir wieder dem eingangs beschriebenen Zergl begegnen.

Natürlich darf auch *s'Siase* nicht fehlen: Allen voran das *Reaschtl* (Kaiserschmarrn) oder die *Stanitzl*, ein Biskuitteig, der mit Beeren und *Schlagobers* (Sahne) serviert wird. Die *Schodablatlang* sollen Glück bringen und werden daher vor allen in der Silvesternacht verzehrt. Das in Milch aufgeweichte Weißbrot ist mit Kakao und Mohn bestreut.

Dass es vor allem abends im Griena zünftig zugeht, liegt daran, dass die Leute an den großen Tischen eng zusammensitzen und die originelle, in der Mundart verfasste Speisekarte genügend Gesprächsstoff zum Anbandeln bietet. So ist in den getäfelten Holzstuben schon manche Freundschaft beim Genuss der alten Zillertaler Gerichte entstanden.

Schliachtrnudln

Hoch über dem Inntal

Von Strass über Maria Brettfall zum Larchkopf

Als Eingangspforte zum Zillertal geben der Reither Kogel (1337 m) und die steile Felswand des Brettfall (682 m) den Weg nach Süden frei. Von der barocken Wallfahrtskapelle bietet sich ein herrlicher Blick auf das Inntal und das Mündungsgebiet des Ziller.

DIE WANDERUNG IN KÜRZE

+
Anspruch

4.30 Std.
Gehzeit

850 m
An-/Abstieg

Charakter: Einfache Wanderung auf gut befestigtem Wanderweg, einem kurzen Stück Asphaltstraße und ausgebautem Wirtschaftsweg.

Wanderkarten: Mayr Wander- und Tourenkarte 31, Vorderes Zillertal, 1:35 000, oder Wanderkarte freytag & berndt Wk 151, Zillertal – Tuxer Alpen – Jenbach – Schwaz, 1:50 000.

Einkehrmöglichkeiten: Gasthaus Maria Brettfall,

mehrere Gasthöfe in Rotholz und in Strass.

Anfahrt: Mit dem Pkw: Inntalautobahn A12 bis Ausfahrt Strass, dann ca. 2 km auf der Landstraße nach Strass. Parkmöglichkeit am Bahnhof. **Mit der Bahn:** Stündl. von Jenbach nach Strass. **Mit dem Bus:** Stündl. Postbus von Jenbach nach Strass. Haltestelle am Bahnhof.

Die Tour führt zunächst auf den Hausberg von Strass, den steil aufragenden Brettfall, der eine herrliche Aussicht auf das Inntal und das Mündungsgebiet des Ziller bietet. Am Ausgang des Zillertalbahnhofs in **Strass** halten wir uns rechts, überqueren zuerst die Bahnschienen und

dann die Zillertalstraße. Danach kommen wir auf eine steile Asphaltstraße, von der dann rechts der befestigte Wanderweg abgeht. Als Wegweiser dient das Schild Maria Brettfall.

Wir wandern gemütlich den Berg hinauf, vorbei an Kreuzwegstationen

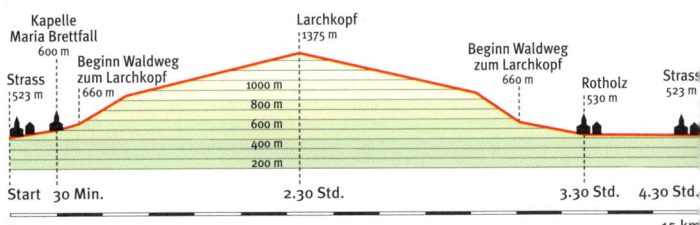

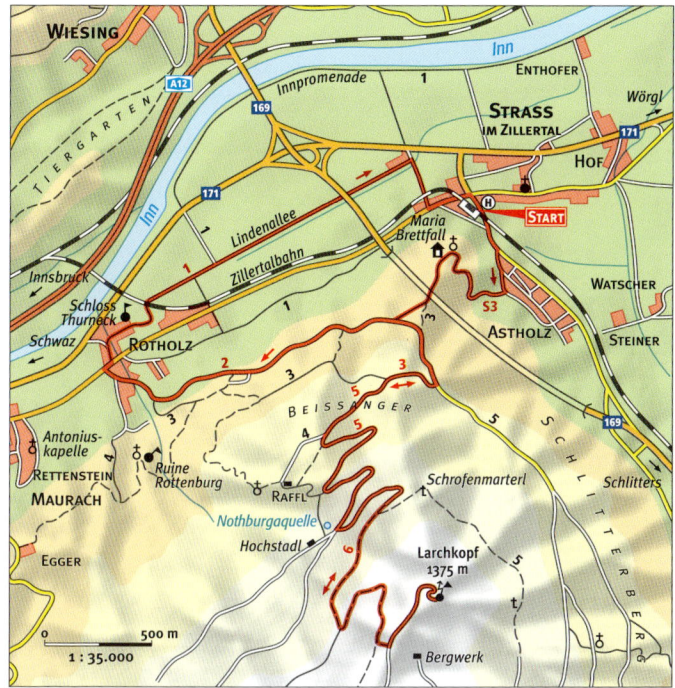

und schattigen Ruhebänken. Nach etwa 30 Min. sehen wir den roten Zwiebelturm der barocken **Wallfahrtskapelle Maria Brettfall** aus dem Jahre 1729 vor uns. Das Fresko über dem Eingangsportal wurde 1945 von Raphael Thaler gemalt; der prächtige Hauptaltar im Innern ist bereits um 1760 entstanden. In der rechten Ecke des Chorraums steht ein barocker Glasschrank, der die Reliquie des hl. Secundinus enthält.

Hinter der Kapelle finden wir eine Aussichtskanzel, die uns einen hervorragenden Blick auf das von West nach Ost verlaufende Inntal bietet: Wir erkennen die Ruine Kropfsberg, die Burgen Lichtenwerth und Matzen sowie im Hintergrund die Ruine der Rottenburg. Auf der gegenüber-

liegenden Seite liegt das Rofangebirge und im Osten das Kaisergebirge. Direkt unter uns befindet sich Strass mit der Pfarrkirche zum hl. Jakobus dem Älteren. Neben der Kapelle steht ein Gasthof, der je nach Tageszeit zum Frühschoppen oder zum Nachmittagskaffee einlädt.

Anschließend geht es auf dem Wanderweg noch ein kurzes Stück bergauf. Der Weg geht in eine Forststraße über, die schon nach einigen hundert Metern in eine Asphaltstraße mündet. Auf der gehen wir zunächst ein kurzes Stück links und dann an der nächsten Abzweigung nach rechts in Richtung Raffl. Nur rund 750 m weiter beginnt bereits auf der linken Seite der gekennzeichnete Waldweg zum Larchkopf. In langen Geraden und engen Ser-

17

Auf dem Larchkopf

pentinen geht es meist durch Mischwald den Berg hinauf. Zwischen den Bäumen öffnet sich immer wieder ein herrlicher Panoramablick ins Inntal und das gegenüberliegende Rofangebirge mit dem Achensee. Vor allem im oberen Bereich stehen zahlreiche alte hoch gewachsene Lärchen, von denen der Berg seinen Namen hat. Auf dem Boden des Waldwegs fallen häufig Steine auf, die einen intensiven grünen oder blauen Einschluss haben. Dies deutet auf Kupferadern hin, die in dieser Gegend manchmal vorkommen.

Das Gebiet um den Gipfel des **Larchkopf** (2.30 Std.) wird leider sehr stark von einer Sendeanlage dominiert. Doch in der Umgebung

davon findet sich manch lauschiges Plätzchen für eine Erholungspause mit gutem Ausblick auf das Zillertal.

Die Rückwanderung erfolgt zunächst auf dem gleichen Weg. Dann bleiben wir jedoch auf dem Asphaltweg oberhalb von Maria Brettfall und gehen gemütlich nach **Rotholz** (3.30 Std.) hinunter. Bereits von oben fällt Schloss Thurneck auf, das mitten im Ort liegt. Wir steuern direkt darauf zu und durchschreiten neben der Kirche das mächtige Holzportal. Im Innenhof sehen wir die Arbeit von Schülern aus der hier untergebrachten landwirtschaftlichen Lehranstalt: schön angeordnete Blumenbeete und Strauchpflanzen. In den Schlossräumen ist ein Museum für bäuerliche Geräte und Möbel untergebracht.

Wenn wir Schloss Thurneck durch das Tor auf der gegenüberliegenden Seite verlassen, gehen wir direkt auf die Lindenallee zu, die auf ca. 1,5 km Länge parallel zum Inn in Richtung Strass verläuft. Auf diesem herrlichen Weg kehren wir wieder zurück zum Ausgangspunkt, dem Zillertalbahnhof in **Strass** (4.30 Std.). Wer möchte, kann auch ab Rotholz die Zillertalbahn benutzen; die nächste Haltestelle ist dann Strass.

Die Strasser Frösch

Seit der Eröffnung des Brettfall-Tunnels ist Strass vom Durchgangsverkehr weitgehend befreit worden. Seitdem herrscht wieder Ruhe in dem kleinen Ort am Eingang des Zillertals, da auch das Problem der häufigen Überschwemmungen durch die Regulierung des Ziller behoben ist. Diese hatten den Bewohnern den scherzhaften Namen Strasser Frösch eingebracht.

Bunte Wiesen am Wegesrand

Von Bruck auf den Reither Kogel

Schon früher nutzten die Menschen Bergwiesen nicht nur, um den Futterbedarf für die Haustiere zu decken. Auf Wiesen wie der Krungwiese findet man alle Arten von Pflanzen zur Herstellung von Medikamenten, Gewürzen oder Genussmitteln.

DIE WANDERUNG IN KÜRZE

+ Anspruch	**Charakter:** Einfache Wanderung auf gut befestigten Wanderwegen und Forststraßen.	**Einkehrmöglichkeiten:** Mehrere Gasthöfe in Bruck.
3.30 Std. Gehzeit	**Wanderkarten:** Mayr Wander- und Tourenkarte 31, Vorderes Zillertal, 1:35 000, oder Wanderkarte freytag & berndt Wk 151, Zillertal – Tuxer Alpen – Jenbach – Schwaz, 1:50 000.	**Anfahrt: Mit dem Pkw:** Inntalautobahn A12 bis Ausfahrt Strass, danach ca. 4 km auf der Landstraße nach Bruck. Parkmöglichkeit nahe der Kirche. **Keine Bahn-** oder **Busverbindung.**
750 m An-/Abstieg		

Auf der Strass gegenüberliegenden Flussseite bildet die Gemeinde Bruck ein weiteres Tor zum Zillertal. Die sonnendurchfluteten Hänge rund um den Ort, der früher im Zusammenhang mit dem ausgeprägten Obstanbau auch ›Kirschendorf‹ genannt wurde, machen diese Wanderung zu einem wahren Vergnügen.

Die Tour beginnt mitten in **Bruck**. Von der St. Leonhardskirche führt ein gekennzeichneter Wanderweg (Wegweiser Reither Kogel) zunächst zu dem gut 200 m über dem Ort thronenden **Spitzerköpfl** (30 Min.). Von dem vorstehenden Fels aus bietet sich ein überragender Blick über das Vordere Zillertal und weiter zum Karwendelgebirge. Die Bank neben dem Holzkreuz ist ein idealer Ort für eine längere Ruhepause.

Vom Spitzerköpfl geht es nun durch den Mischwald bergauf bis zur **Krungwiese** (1 Std.), einer herrlich gelegenen Bergwiese. Da sie nicht von Kühen beweidet wird, können sich hier die schönsten Alpenblumen in ihrer vollen Pracht entwickeln, z. B. das violett blühende Knabenkraut, eine der am häufigsten vorkommenden Orchideenarten. Daneben kann man das Wiesenschaumkraut, die Kamille, herrliche blaue Glockenblumen, die rot blühende Teufelskralle, den kleinen Fingerhut sowie unzählige Margeriten finden. Es macht großen Spaß, sich auf dieser Wiese länger aufzuhalten.

Oberhalb der Krungwiese halten wir uns rechts und wandern auf der Forststraße weiter. Am Wegesrand gibt es Frauenmantel und Wiesen-

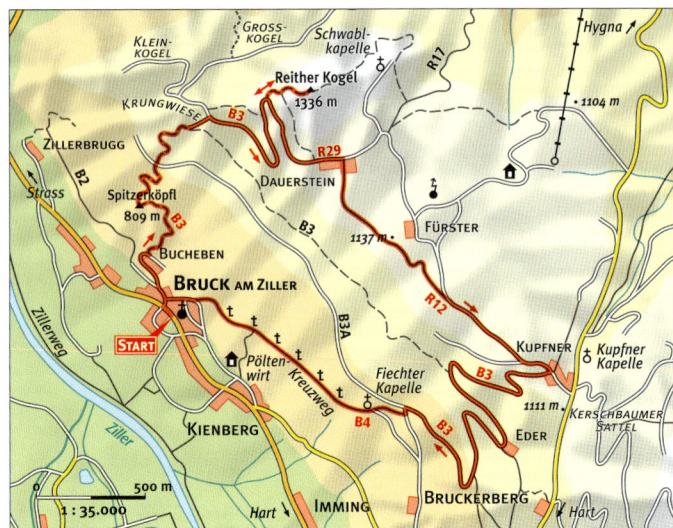

bärenklau zu bewundern, daneben köstliche Walderdbeeren als Wegzehrung. Das letzte Stück von der Forststraße hinauf zum Reither Kogel führt wieder über einen Wanderweg, der uns schnell nach oben bringt.

Vom Gipfelkreuz auf dem **Reither Kogel** (2 Std.) öffnet sich der Blick hinunter ins Zillertal sowie das Alpbachtal. In südöstlicher Richtung sind die benachbarten Gipfel, das Wiedersberger Horn (2127 m), die Sagtaler Spitze (2241 m) und der Hamberg (2095 m), deutlich zu erkennen.

Vom Reither Kogel geht es auf dem schon bekannten Weg wieder zurück, dann auf der Forststraße jedoch links und an den Bauernhöfen mit ihren Kuhweiden vorbei Richtung **Kerschbaumer Sattel** (2.45 Std.). Kurz bevor wir die Autostraße erreichen, biegen wir rechts ab und kommen so auf dem landwirtschaftlichen Weg in weiten Serpentinen hinunter zur **Fiechter Kapelle** (3.15 Std.), einem sehenswerten alten Holzbau. Ab der Kapelle folgen wir dann dem Kreuzweg, der durch den Wald wieder nach **Bruck** (3.30 Std.) führt.

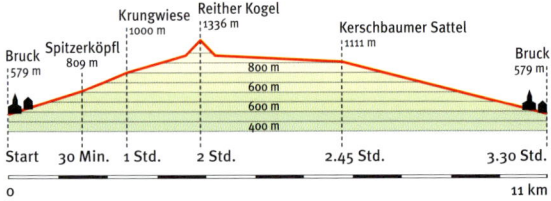

Schlitterer Wasserfall

Von Schlitters zum Schlitterberg und weiter zum Baumannköpfl

Bereits am Ortsrand von Schlitters ist das Rauschen des Öxlbachs zu hören. Den direkten Kontakt mit dem Wasser gibt es auf dieser Wanderung gleich zweimal: Unten bei den Wasserfällen und oberhalb des Schlitterbergs beim Baumannköpfl.

DIE WANDERUNG IN KÜRZE

+ Anspruch	**Charakter:** Einfache Wandrung auf befestigten Wanderwegen.	Schlitterberg 14 A, tägl. geöffnet.
3 Std. Gehzeit	**Wanderkarten:** Mayr Wander- und Tourenkarte 31, Vorderes Zillertal, 1:35 000, oder Wanderkarte freytag & berndt Wk 151, Zillertal – Tuxer Alpen – Jenbach – Schwaz, 1:50 000.	**Anfahrt: Mit dem Pkw:** Inntalautobahn A12 bis Ausfahrt Zillertal, dann auf der B169 wenige Kilometer nach Schlitters. Parken in der Ortsmitte. **Mit der Bahn:** Stündl. von Jenbach nach Schlitters. **Mit dem Bus:** Ab Bahnhof Jenbach ca. alle 2 Std. nach Schlitters.
600 m An-/Abstieg	**Einkehrmöglichkeiten:** Jausenstation Martelerhof,	

Von **Schlitters** aus, dem Startpunkt unserer Wanderung, sind bereits im Talhintergrund der Brandenberger Kolm, die Gerlossteinwand und die Ahornspitze zu erkennen. Von Schlitters selbst fällt als erstes der spitze Turm der Pfarrkirche zum hl. Martin auf (s. auch Tour 4).

Die Wanderung beginnt in der Ortsmitte bzw. an der Kirche. Wir halten uns – vom Bahnhof kommend – auf der Hauptstraße zunächst geradeaus und überqueren dann rechts den Öxlbach, der mitten durch den Ort fließt. Unser Weg führt danach direkt rechts am Bach entlang den Berg hinauf. Das Rauschen des Wasserfalls, schon von weitem zu hören, weist uns den Weg. Kurz hinter den letzten Häusern erreichen wir schließlich nach 30 Min. den **Schlitterer Wasserfall.**

Vom Schlitterer Wasserfall gehen wir auf demselben Weg, den wir gekommen sind, ein kurzes Stück zurück und biegen hinter dem Haus Nr. 143 links ab (Ww. Marteler bzw. Schlitterberg). Gleich danach beginnt ein Steig, der relativ steil den Berg hinaufgeht. Als weitere Anhaltspunkte dienen die nach oben führende Stromleitung sowie der ebenfalls hier beginnende Kreuzweg mit insgesamt 16 Stationen bis zum Erreichen der Almen.

Wir kommen auf dem befestigten Weg relativ rasch den Schlitterberg hinauf, während unter uns die Ortschaft zusehends kleiner wird. Sobald wir weiter oben den Bereich der Bäume verlassen, sehen wir bereits den ersten der insgesamt neun Bauernhöfe, die hier verstreut zwi-

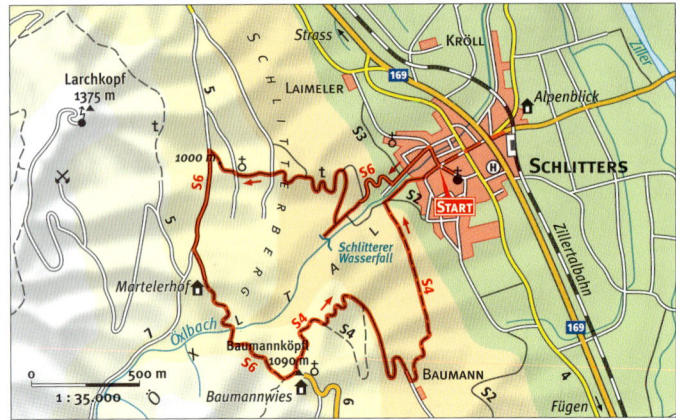

schen den Almwiesen liegen. Die Zufahrt zu diesen Höfen erfolgt übrigens über die Ortschaft Rotholz im Inntal.

Beim ersten Bauernhof halten wir uns etwas links und gehen über die Kuhweiden in einem weiten Bogen zur **Jausenstation Martelerhof** (1.30 Std.), die direkt hinter dem Stromleitungsmasten liegt. Hier können wir bei frischer Milch unsere wohlverdiente Pause einlegen.

Direkt vom Martelerhof geht es in ca. 30 Min. auf einem markierten Pfad zum **Baumannköpfl** (2 Std.) hinüber. Der Pfad führt zunächst ein kurzes Stück bergab, bevor er nach dem Überqueren des Öxlbachs wieder ansteigt. Von der Kapelle, die sich am Baumannköpfl befindet, haben wir einen sehr schönen Blick ins Zillertal.

Vom Baumannköpfle steigen wir dann gemütlich durch den Wald hinunter nach **Schlitters** ab (3 Std.).

Der Öxlbach

Nach den verheerenden Überschwemmungen, die der herabstürzende Öxlbach in den Jahren 1968 und 1974 in Schlitters angerichtet hat, wurde er auf seiner gesamten Länge entsprechend verbaut und reguliert. Der im Kellerjochgebiet entspringende Bach erreicht jedoch nicht weit hinter den letzten Häusern des Ortes wieder seine ursprüngliche Form und stürzt beim Schlitterer Wasserfall tosend in eine Schlucht.

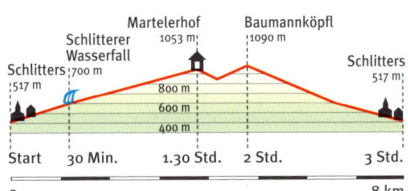

Am Öxlbach

Tour 4

Wasser mit Heilkraft

Von Schlitters über Säulingerhof und Harter Kapelle nach Fügen

Hoch über dem Talboden des Vorderen Zillertals steht die weithin sichtbare Wallfahrtskirche Mariä Reinigung am Harterberg. Von der Kapelle und dem nahen Säulingerhof ergeben sich herrliche Ausblicke auf das Tal.

DIE WANDERUNG IN KÜRZE

+ Anspruch

3.15 Std. Gehzeit

350 m An-/Abstieg

Charakter: Einfache Wanderung überwiegend auf kleinen, verkehrsberuhigten Teerstraßen. Der Abstieg erfolgt zum Teil auf markierten Steigen.

Einkehrmöglichkeiten: Café Alpenblick in Schlitters, Säulingerhof, Gasthof Hamberg in Niederhart, Gasthaus Aigner in Fügen.

Wanderkarten: Mayr Wander- und Tourenkarte 31, Vorderes Zillertal, 1:35 000, oder Wanderkarte freytag & berndt Wk 151, Zillertal – Tuxer Alpen – Jenbach – Schwaz, 1:50 000.

Anfahrt: Mit dem Pkw: Inntalautobahn A12 bis Ausfahrt Zillertal, dann auf der B169 wenige Kilometer nach Schlitters. Parkmöglichkeiten am Bahnhof. **Mit der Bahn:** Stündl. von Jenbach nach Schlitters. **Mit dem Bus:** Ab Bahnhof Jenbach ca. alle 2 Std. nach Schlitters.

Rückfahrt: Von Fügen mit der Bahn nach Schlitters.

Die Wanderung beginnt am Bahnhof von **Schlitters**. Schlitters liegt, umgeben von Wald, Wiesen und Feldern, auf dem Murkegel des rauschenden Öxlbachs, der früher – vor seiner großzügigen Regulierung – mit seinen nach Unwettern zu Tale rasenden Wassermassen die Bevölkerung in Angst und Schrecken versetzte.

Das Wahrzeichen von Schlitters ist die gotische Pfarrkirche zum hl. Martin, deren schlanker, spitzer Turm mit 66 m der höchste des gesamten Zillertals und somit schon von weitem zu sehen ist. Die Glo-

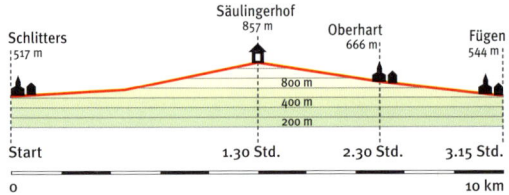

Schlitters 517 m	Säulingerhof 857 m	Oberhart 666 m	Fügen 544 m
Start	1.30 Std.	2.30 Std.	3.15 Std.

0   10 km

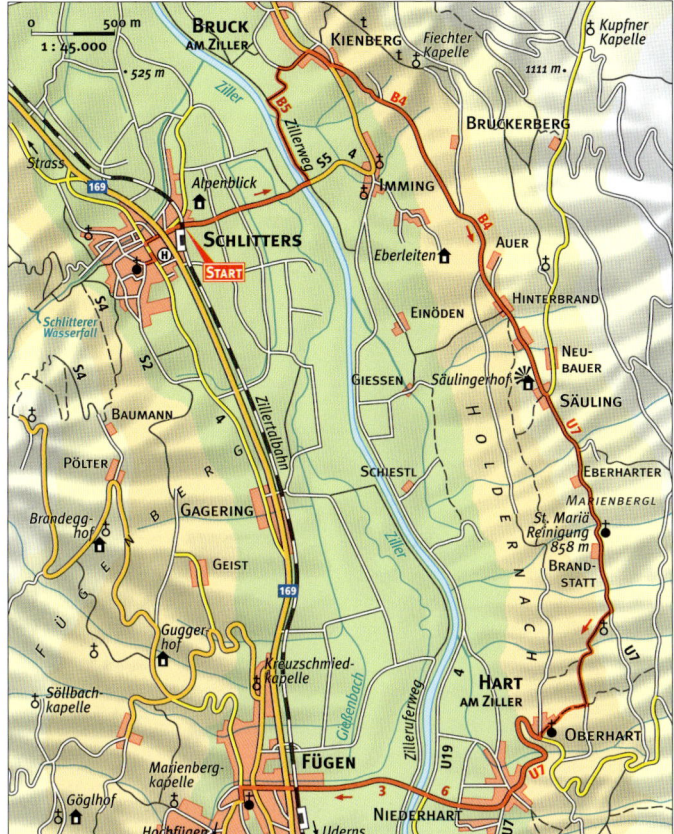

cken stammen aus der Werkstatt des berühmten Glockengießers Löffler. Wer die Kirche vor der Tour besichtigen will, geht vom Bahnhof die kleine Straße direkt zum leicht abschüssigen Dorfplatz hinauf; hier hält man sich im Bogen links, die Kirche ist nicht mehr zu verfehlen.

Wieder zum Bahnhof zurückgekehrt, überschreiten wir die Gleise und queren den sich unterhalb des Café Alpenblick ausbreitenden Talboden des Vorderen Zillertals. Hinter der Zillerbrücke nehmen wir links den **Zillerweg** in Richtung Bruck und

laufen etwa 500 m flussabwärts, bis wir an einer weiteren Brücke an eine Gabelung gelangen. Hier wandern wir, dem Wegweiser Kienberg folgend, rechts auf dem Güterweg steil bergauf. Von den oberen Almmatten genießen wir einen schönen Rückblick auf Schlitters.

Am ersten Haus von **Kienberg** halten wir uns in Richtung Bruckerberg, stoßen dann auf die Dorfstraße und gehen rechts ein kurzes Stück abwärts bis zum Ortsende von Kienberg. Die von der Sonne verwöhnten Hanglagen lassen reichlich Obst her-

Hof in Hart

anreifen, das nahe Bruck galt früher als ›Kirschendorf‹ und ›kleines Meran von Nordtirol‹. Am Ortsende zweigt eine steile Bergstraße links ab (45 Min.), der Wegverlauf zum Säulingerhof ist im Folgenden beschildert.

Bald mündet das Sträßchen in üppigen Nadelwald, was bei starker Sonneneinstrahlung angenehme Kühlung garantiert. Wir queren die Hänge des Bruckerbergs stets ansteigend in Richtung Süden, der lichter werdende Wald lässt erste Rundblicke auf den inzwischen deutlich unter uns liegenden Talboden zu. Schließlich erreichen wir den **Säulingerhof** (1.30 Std.), von dessen Terrasse sich ein umfassender Rundblick auf das Karwendel, die Tuxer Voralpen und die schneebedeckten Zillertaler Alpen eröffnet.

An der vor dem Hof nach oben ziehenden Kehre steigen wir weiter in südlicher Richtung zunächst leicht bergab und erreichen die **Wallfahrtskapelle Mariä Reinigung** am Harterberg (1.45 Std.).

Wenig später verlassen wir die Teerstraße auf einem schönen Waldweg, der an mehreren Kreuzwegstationen vorbei in Abschnitten steil abwärts führt. An der Weggabelung halten wir uns rechts und gelangen an einem Weidezaun direkt zur Pfarrkirche von **Oberhart** (2.30 Std.). Der Ortsname Hart ist durch die bayerische Besiedelung im 8. Jh. entstanden und bedeutet so viel wie ›durch Rodung gelichteter Wald‹. Tatsächlich lässt sich beim Anblick der fast baumlosen Talebene nur noch erahnen, dass das Zillertal einst von dichtem Walddschungel überwuchert war.

Im Ort gehen wir, nun wieder auf Teeruntergrund, am Gemeindeamt links vorbei und an der folgenden Kreuzung rechts in einer Kehre abwärts nach Niederhart. Am Wegesrand fallen die von der Sonne dunkelbraun gebeizten Holzhäuser mit blumengeschmückten Balkonen und gepflegten Gärten auf. Wir steigen nun hinab in die Talebene und queren diese, um das nur 2 km entfernte **Fügen** anzupeilen (3.15 Std.).

Wallfahrtskapelle Mariä Reinigung

Um die hoch über dem Tal thronende und weithin sichtbare Kapelle rankt sich die Legende, dass die Mutter Gottes einst im nahen Bächlein die Windeln des Jesuskindes gewaschen hat. Aus diesem Grund wird dem Wasser des zu Tale fließenden Bächleins eine besondere Heilkraft zugesprochen. Die einheimischen Gläubigen pilgern auch heute noch an Mariä Geburt oder am St.-Leonards-Tag zu Hunderten zu der Kapelle, vor der ein 1949 errichtetes Heimkehrerkreuz und bequeme Aussichtsbänke zum Verweilen einladen.

Hoch über dem Tal

Vom Angeregg auf das Wiedersberger Horn

Das Wiedersberger Horn ist der höchste Aussichtspunkt im Vorderen Zillertal. Entsprechend gut ist auch die Fernsicht vom Gipfel, die bei gutem Wetter bis zu den Dreitausendern des Zillertaler Hauptkamms reicht.

DIE WANDERUNG IN KÜRZE

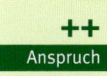

++
Anspruch

5 Std.
Gehzeit

1200 m
An-/Abstieg

Charakter: Mittelschwere Wanderung auf gut befestigten Wanderwegen, dazwischen kurze Stücke auf Forststraßen oder Wiesenpfaden, am Schluss Aufstieg teilweise über Geröll.

Wanderkarten: Mayr Wander- und Tourenkarte 31, Vorderes Zillertal, 1:35 000, oder Wanderkarte freytag & berndt Wk 151, Zillertal – Tuxer Alpen – Jenbach – Schwaz, 1:50 000.

Einkehrmöglichkeiten: Mehrere Gasthöfe in Hart.

Anfahrt: Mit dem Pkw: Inntalautobahn A12 bis Ausfahrt Zillertal, dann auf der B169 bis Hart. Von Hart ein Stück weit die Asphaltstraße durch den Wald hinauf in Richtung Hanslettalalm bis zum Angeregg; das ist die Stelle, an der es geradeaus weiter nach Bruckerberg geht und rechts in eine Sackgasse. Parkmöglichkeit. **Keine Bahn-** oder **Busverbindung.**

Das Wiedersberger Horn zählt mit seinen 2127 m zu den höchsten Erhebungen des Vorderen Zillertals. Seine markante Bergspitze bildet den Beginn einer langen Bergkette, die sich über den Hochstand (2057 m), die Sagtaler Spitze (2241 m), den Standkopf (2228 m), den Hamberg (2095 m) bis hin zum Großen Galtenberg (2318 m) auf der linken Talseite hinzieht. Die steilen Felshänge des Wiedersberger Horns sind noch bis spät in den Frühsommer hinein mit Schnee bedeckt, während auf den darunter liegenden Almen bereits die ersten Kühe das saftige Gras abweiden.

Unsere Wanderung beginnt am **Angeregg**. Der Asphaltweg in die Sackgasse ist mit dem Wegweiser Hanslettalm bezeichnet. Es geht nun zunächst etwa 10 Min. vorbei an mehreren einzeln stehenden Häusern den Berg hinauf, danach beginnt linker Hand der Wanderweg (Wegweiser Hanslettalm), der uns zunächst über eine schöne Wiese nach oben zum Waldrand führt. Von hier aus bewegen wir uns für die nächste halbe Stunde im schattigen Wald und erreichen schließlich die ersten bunten, blühenden Bergwiesen, die von der prallen Sonne beschienen werden.

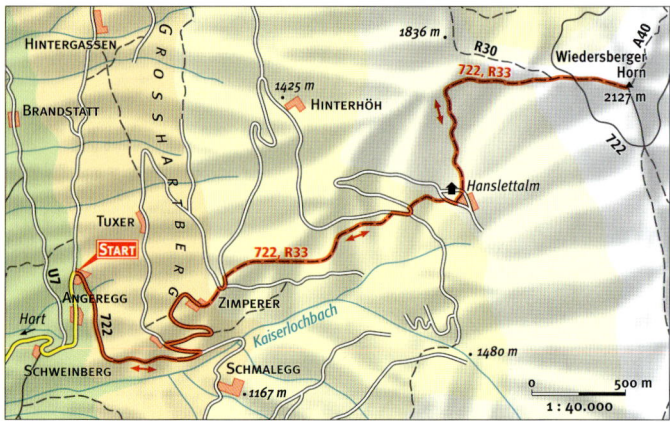

Nachdem wir zwischendurch ein Stück auf einer Forststraße gewandert sind, geht es nun über die Almen den Hang hinauf. Die idyllische Lage der meisten Höfe täuscht über den harten Alltag der Bergbevölkerung hinweg. Manche Höfe sind auch heute noch verkehrsmäßig unerschlossen und so z. B. bei Schneefall nicht mehr mit dem Auto erreichbar. Das harte Leben hat den Harter Bergbauern die Spitznamen ›Haschter‹ oder ›Haberger Schlögel‹ eingebracht.

Zwischen Kühen hindurch erreichen wir die **Hanslettalm** (2.30 Std.), die leider nicht bewirtschaftet ist. Wir können jedoch am Brunnen unsere Trinkwasservorräte auffüllen.

Von der Hanslettalm laufen wir zunächst weiter über Weidegebiet,

das nach etwa 10 Min. in einen Nadelwald übergeht, in dem sich der Wanderweg nach oben schlängelt. Knapp unter 2000 m haben wir die Baumgrenze erreicht und sehen nun die Bergspitze deutlich vor uns.

Noch etwas mehr als 30 Min. geht es nun über Felsen und Geröll, und dann haben wir den Gipfel des **Wiedersberger Horns** erreicht (3.30 Std.). Tief unter uns ist der Ziller zu erkennen, wesentlich deutlicher heben sich allerdings die Nachbargipfel vom blauen Himmel ab. Ziele für weitere Touren wie die Sagtaler Spitze oder der Hamberg scheinen zum Greifen nah.

Der Rückweg folgt der Aufstiegsroute, und wir erreichen nach ca. 5 Std. den **Angeregg**.

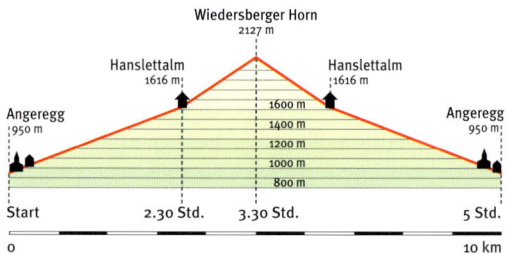

28

Besuch beim Senner

Durch den Märzengrund hinauf zu traditionellen Almen

In der tief eingeschnittenen Märzenklamm stürzt der Märzenbach hinunter nach Stumm und mündet in der Nähe des Ortsteils März in den Ziller. Zuvor hat der im Hämmerergrund entsprungene Bach den gesamten Märzengrund durchquert.

DIE WANDERUNG IN KÜRZE

+

Anspruch

Charakter: Einfache Wanderung auf befestigten Forststraßen, anfangs durch den Wald, später an zahlreichen Almen vorbei.

5 Std.

Gehzeit

Wanderkarten: Mayr Wander- und Tourenkarte 31, Vorderes Zillertal, 1:35 000, oder Wanderkarte freytag & berndt Wk 151, Zillertal – Tuxer Alpen – Jenbach – Schwaz, 1:50 000.

800 m

An-/Abstieg

Einkehrmöglichkeiten: Berggasthof Tannenalm, ganzjährig geöffnet.

Anfahrt: Mit dem PKW: Inntalautobahn A12 bis Ausfahrt Zillertal, dann auf der B169 bis Stumm. Von dort der Fahrstraße Richtung Stummerberg folgen. Parkmöglichkeit am Berggasthof Tannenberg. **Keine Bus-** oder **Bahnverbindungen.**

Der Märzengrund ist ein weites Hochtal oberhalb von Stumm, das im vorderen Teil sehr waldreich ist und am hinteren Ende in ein weites Almengebiet übergeht. Eine der schönsten Almen, die Hämmereralm, liegt im Quellgebiet des Märzenbachs und ist das Ziel dieser Tour.

Ausgangspunkt ist der **Berggasthof Tannenalm** im Ortsteil Stummerberg. Wir gehen einige hundert Meter auf der Teerstraße zurück bis zur letzten Kehre, dort zweigt rechts die für den Autoverkehr gesperrte Forststraße in den Märzengrund ab. Für einige Zeit geht es durch den Nadelwald gemütlich dahin, der Weg steigt nur sehr langsam an, der etwa

200 m unterhalb verlaufende Märzenbach begleitet uns die ganze Zeit mit seinem Rauschen.

Unterhalb der **Gmünder Hütte** (1 Std.) entsteht der Märzenbach aus dem Zusammenfluss von Triplonbach und Hämmerbach. Auf unserem weiteren Weg queren wir zunächst den Triplonbach und wenig später den Hämmererbach. Hier treffen wir dann auf die ersten Almen. In der Umgebung der Brücke befinden sich einige schöne Rastplätze, an denen wir die Füße im eiskalten Wasser angenehm kühlen können.

Auf der anderen Seite des Hämmererbachs steigt der Weg wieder an, etwas später passieren wir die

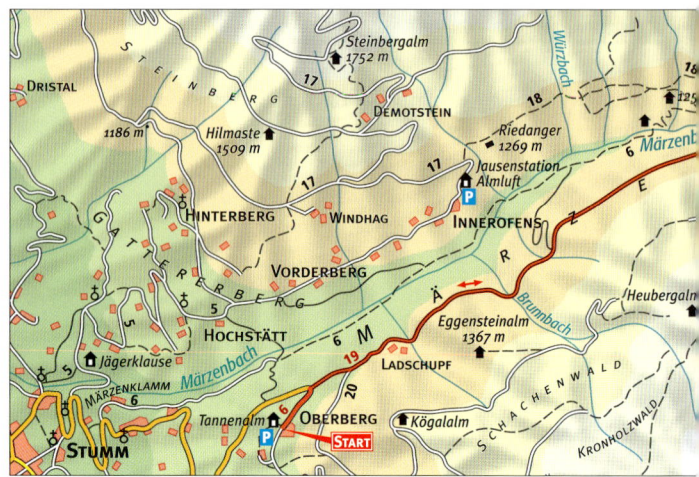

Baumgartenasten. Vorbei an unzähligen weidenden Kühen kommen wir im weiteren Verlauf zunächst zur Kotalm und kurz darauf zur **Hämmererhosalm** (2.30 Std.).

Im Sommer werden die Kühe von der Hämmererhosalm hinauf zur Hämmereralm getrieben, weil dort das Gras noch saftiger ist. Auch wir machen uns auf den 20-minütigen Weg dorthin und können in der herrlichen Umgebung der **Hämmereralm** die Ruhe und Einsamkeit der Bergwelt genießen und eine mitgebrachte Jause verzehren (2.50 Std.).

Danach geht es auf demselben Weg wieder zurück bis zum Ausgangspunkt der Wanderung, dem **Berggasthof Tannenalm** (5 Std.) in Stummerberg.

Der Märzenbach

Für die Stummer Bauern war der Märzengrund immer schon eine sehr ergiebige Gegend, sei es durch die saftigen Viehweiden oder durch den Holzertrag des Nadelwalds. Bis Ende des 19. Jh. hat man die geschlagenen Stämme noch auf dem Wasser des Märzenbachs zu Tal gebracht – eine nicht ganz ungefährliche Angelegenheit. Zumeist waren es junge Männer, die den Bach anstauten, die zugeschnittenen Stämme ins

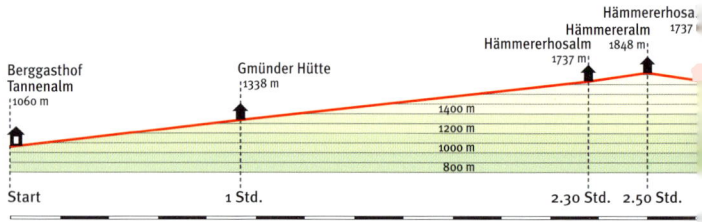

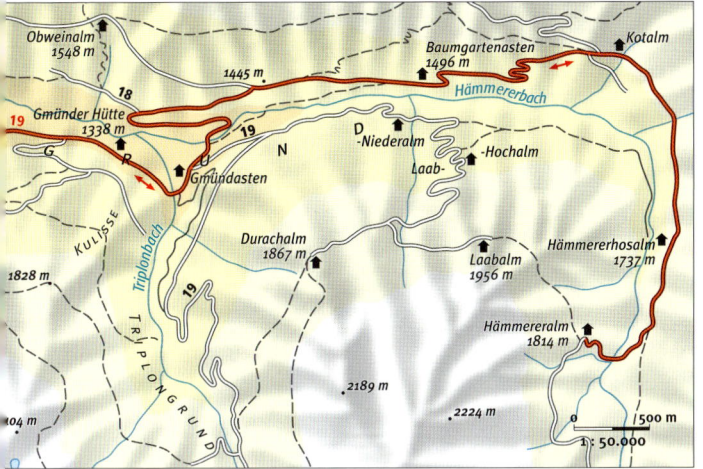

Wasser warfen und den Damm öffneten. Dann ging die Holzfracht unter lautem Getöse durch die Märzenklamm zu Tal. Schwierig wurde es immer dann, wenn sich einzelne Stämme festklemmten und dann von Hand wieder freigelegt werden mussten, wobei es immer wieder zu Unfällen kam.

Der Alltag des Senners

Die Hämmererhosalm wird von dem Bauern Alois Wurm betrieben. Er gibt dem Besucher gern Einblick in die Tierhaltung auf der Alm, die schon zuvor von seinem Vater bewirtschaftet worden ist. Anfangs wurden die Kühe noch auf der Weide gemolken, und die Milch hat man auf dem Rücken zur Alm transportiert, was besonders bei schlechtem Wetter sehr schwierig war. Heute treibt Alois Wurm zusammen mit seinem Senner die Kühe abends in den Stall zurück, wo sie maschinell gemolken werden. Erst morgens nach dem zweiten Melken werden sie wieder auf die Alm gelassen.

Alois Wurm betreibt die Milchwirtschaft nach biologischen Gesichtspunkten, er düngt die Wiesen nicht und mischt dem Grünfutter auch nichts bei. Einen kleinen Teil der Milch nimmt er mit ins Tal, wo seine

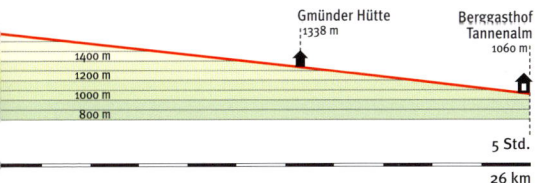

*Alltag auf der
Hämmererhosalm*

Frau die kleine Pension am Bögeler-
hof führt und die Milch zu einem
köstlichen, frischen Joghurt verarbeitet.

Früher wurde auf der Hämmererhosalm noch Käse zubereitet. Stolz
zeigt Alois Wurm die alten Gerätschaften, die man dazu benötigte.

Heute bereitet der Senner höchstens
noch das traditionelle Melkermus
zu, einer Zillertaler Spezialität aus
Butter, Milch, Gersten- und Weizen-
mehl, welche über dem Feuer ge-
backen wird, und die nur noch wenige Menschen richtig zubereiten
können.

Auf einsamen Wegen

Vom Gatterberg auf den Hamberg

Der direkte Weg auf den Gipfel des Hambergs führt die meiste Zeit durch den dichten Wald. Durch einen kleinen Umweg kommt man jedoch fast auf der ganzen Strecke in den Genuss sonniger Almen.

DIE WANDERUNG IN KÜRZE

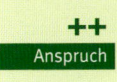

++
Anspruch

5 Std.
Gehzeit

950 m
An-/Abstieg

Charakter: Etwas anstrengende Wanderung auf gut befestigten Pfaden, Wegen und Forststraßen in einer ruhigen Umgebung.

Wanderkarten: Mayr Wander- und Tourenkarte 31, Vorderes Zillertal, 1:35 000, oder Wanderkarte freytag & berndt Wk 151, Zillertal – Tuxer Alpen – Jenbach – Schwaz, 1:50 000.

Einkehrmöglichkeiten: Jausenstation Almluft, tägl. geöffnet.

Anfahrt: Mit dem Pkw: Inntalautobahn A12 bis Ausfahrt Zillertal, dann auf der B169 nach Stumm und von dort weiter auf den Gatterberg bis zur Jausenstation Almluft. Parkmöglichkeit. **Keine Bahn- oder Busverbindung.**

Von der **Jausenstation Almluft** gehen wir auf der Forststraße Richtung Hamberg, biegen jedoch gleich nach der nächsten Kehre rechts ab auf einen schmalen Wanderweg, der mit dem Wegweiser Obweinalm gekennzeichnet ist. Damit nehmen wir zwar einen deutlichen Umweg in Kauf, kommen jedoch in den Genuss einer sehr schönen und einsamen Wanderung; die direkte Forststraße durch den Wald hinauf zum Hamberg heben wir uns für den Rückweg auf.

Der schmale ausgetretene Pfad schlängelt sich nur ganz langsam ansteigend durch den Wald. An mehreren Stellen queren wir von oben kommende kleine Bäche. Etwa hundert Höhenmeter unter uns fließt der Märzenbach, der uns mit seinem Rauschen begleitet, dem Zillertal entgegen. Der Weg wird nicht sonderlich frequentiert, nur selten begegnet man hier anderen Wanderern. Gemütlich gehen wir etwa 30 Min. durch den größtenteils mit Nadelbäumen bewachsenen Wald, bis nach und nach mehrere von Kühen beweidete Wiesen zu queren sind.

Kurz nachdem wir an einigen zusammenstehenden Sennhütten vorbeigegangen sind, geht es links ziemlich steil hinauf zur Obweinalm (Wegweiser). Das Rauschen des Märzenbachs verliert sich langsam, während wir beim Aufstieg ordentlich ins Schwitzen kommen. Am Brunnen der **Obweinalm** (1.30 Std.) können wir uns mit dem kühlen Wasser wieder erfrischen.

Fast eben geht es nun auf einer Forststraße weiter zur **Hocheggalm** (2.15 Std.). Danach folgt ein weiterer Anstieg von etwa 200 Höhenmetern bis zur **Legeralm**, die wir 30 Min. später erreichen (2.45 Std.).

Hier endet die Forststraße und wir setzen die Wanderung auf einem schmalen Pfad fort. Mal steil, mal wieder flach geht es vorbei an mehreren kleinen Wasserfällen weiter in Richtung Hamberg. Nach einiger Zeit treffen wir wieder auf die anfangs erwähnte Forststraße, die direkt von der Jausenstation nach oben führt und exakt an dieser Stelle endet.

Für den Ansturm zum Gipfel nehmen wir einen Steig, der sich durch das Geröll steil nach oben schlängelt. Etwa 20 Min. später erreichen wir riesige Gesteinsbrocken. Bis zum Kreuz sind es jetzt nur noch wenige Minuten, die wir allerdings über teilweise meterhohe Steine kletternd verbringen müssen. Auf dem Gipfel des **Hamberg** (3.30 Std.) belohnt uns ein grandioser Rundblick, der bei gutem Wetter auf der einen Seite bis zum Karwendelgebirge und in entgegengesetzter Richtung zu den schneebedeckten Gipfeln des Zillertaler Alpenkamms reicht. Sehr schön ist auch die Sicht hinunter ins Zillertal sowie auf die Nachbarberge wie die Sagtaler Spitze (2241 m), den Hochstand (2057 m) und das Wiedersberger Horn (2127 m), die alle drei durch einen Höhenweg mit dem Hamberg verbunden sind.

Für den Rückweg vom Gipfel wählen wir wieder den gleichen Steig, den wir heraufgekommen sind, nehmen dann allerdings die Forststraße, die uns auf dem direkten Weg über die Steinbergalm durch den Wald hinunter zu unserem Ausgangspunkt, der **Jausenstation Almluft**, bringt (5 Std.).

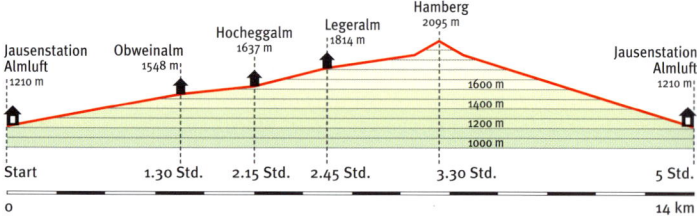

Spuren des Bergbaus

Auf dem Spieljoch

Schon im Mittelalter wurde in der Region zwischen Fügen im Zillertal und Schwaz im Inntal nach Bodenschätzen gesucht. Die gefun-
denen Erze wurden in Schweinsledersäcken zu Tal gebracht und dort
in Öfen geschmolzen. Die Tour verläuft stellenweise an einem dieser Transportwege entlang.

	DIE WANDERUNG IN KÜRZE	
+ Anspruch	**Charakter:** Einfache Wan-derung auf gut befestigten Wegen und Fahrstraßen.	**Anfahrt: Mit dem Pkw:** Von der Inntalautobahn A12 bis zur Ausfahrt Zillertal, dann auf der B169 nach Fügen. Parkmöglichkeit an der Bergstation der Spieljoch-bahn. **Mit der Bahn:** Stündl. von Jenbach nach Fügen. **Mit dem Bus:** Ab Bahnhof Jenbach stündl. Postbus nach Fügen.
3.30 Std. Gehzeit	**Wanderkarten:** Mayr Wan-der- und Tourenkarte 31, Vorderes Zillertal, 1:35 000, oder Wanderkarte freytag & berndt Wk 151, Zillertal – Tuxer Alpen – Jenbach – Schwaz, 1:50 000.	
900 m Abstieg	**Einkehrmöglichkeiten:** Kiosk an der Bergstation der Spieljochbahn (wäh-rend der Betriebszeiten der Bahn tägl. 9–16 Uhr), Koh-leralmhof an der Mittelsta-tion und Gasthöfe in Fügen.	**Fahrzeiten:** Spieljochbahn, Anf. Juni bis Anf. Okt., tägl. 8.4 – 2 Uhr und 13–6.30 Uhr (außer bei Schlechtwetter), Tel. 0 52 88/6 29 91.

Ausgangspunkt der Wanderung ist
die **Bergstation der Spieljochbahn**
auf 1865 m Höhe, die mit einer ca.
15-minütigen Bergfahrt in Vier-Per-
sonen-Gondeln von Fügen aus erreicht wird.

Von der Station geht es zunächst
auf einem breiten Fahrweg hinauf
zum **Onkeljoch** (30 Min.). Es ist leicht
an der Liftanlage zu erkennen, die
hier im Winter Skifahrer befördert.
Vom Joch hat man sowohl einen
herrlichen Rundblick auf die Zillertaler Alpen als auch in entgegenge-

setzter Richtung zum Rofangebirge
mit dem Achensee.

Links unterhalb der Liftstation beginnt dann ein gut befestigter Wan-
dersteig, der im Juli durch ein Meer
aus blühenden Alpenrosen führt.
Auf dem Wegweiser ist das 2344 m
hohe Kellerjoch ausgeschildert, dessen Felswand von unten sehr gut zu
erkennen ist. Schon wenig später erreichen wir den Sattel **Falschegg** (45
Min.), an dem wir den Steig zum Kellerjoch wieder verlassen und rechts
hinunter ins Öxltal zum Juliusstollen

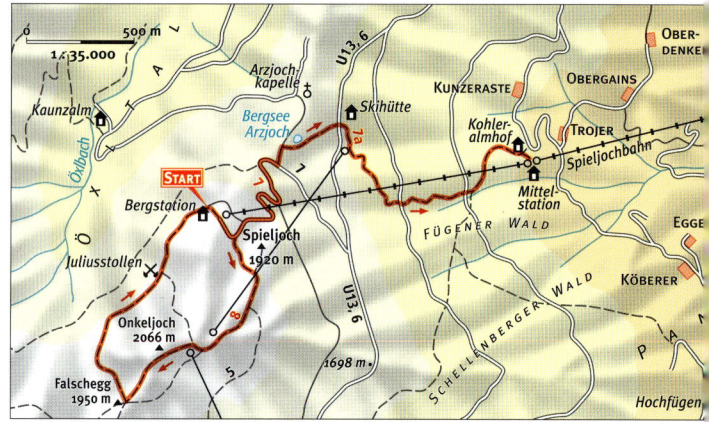

gehen. Im Frühsommer sind in dieser Senke noch mehrere Schneefelder zu finden – willkommenes Material für eine erfrischende Schneeballschlacht.

Auf dem gemütlichen Wanderweg ist bald der **Juliusstollen** (1.30 Std.) erreicht. Man kann in den Stollen einfahren und während einer etwa einstündigen Führung alles Wissenswerte über die 400-jährige Geschichte des Bergbaus im Zillertal erfahren. Ganz in der Nähe des Stollens liegen noch etliche Abraumhalden, in denen es noch so manche kupfer-, kobalt- oder quarzhaltigen Steine zu entdecken gibt.

Auf dem Knappensteig geht es dann zurück zur Bergstation der

Spieljochbahn. Der ausgetretene Wanderpfad verläuft zunächst leicht abfallend, dann ein längeres Stück bergauf. Am Kiosk der **Bergstation** (1.45 Std.) empfiehlt sich eine kleine Einkehr, bevor wir über die Skiabfahrt talwärts zum **Bergsee Arzjoch** (2.30 Std.) absteigen.

Unsere Tour führt in der Nähe der heute noch erhaltenen Arzjochkapelle vorbei in Richtung Skihütte, von der aus der mit 7a gekennzeichnete Waldweg in 1 Std. hinunter zur **Mittelstation der Spieljochbahn** führt (3.30 Std.), wo im Kohleralmhof die nächste Einkehrmöglichkeit besteht. Wer noch bei Kräften ist, kann weiter bis zur Talstation absteigen, was noch etwas länger als eine Stunde dauert. Schneller und einfacher geht es natürlich mit der Bergbahn, die für die ca. 650 Höhenmeter nur wenige Minuten braucht.

Der Juliusstollen

Mitte des 16. Jh. wurde in Tirol der Silber- und Kupferabbau im großen Stil betrieben; die Zentren waren damals Schwaz und Kitzbühel.

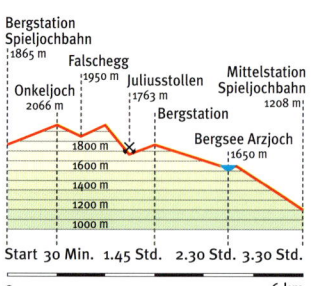

Auf dem Knappensteig erfolgte der Abtransport des zerkleinerten Eisenerzes: Verpackt in Ledersäcken wurde es auf von Pferden gezogenen Karren zur Arzjochkapelle am See gebracht und dort zwischengelagert. Erst in den Wintermonaten, wenn genug Schnee lag, hat man das Erz in große Säcke aus Schweinshaut umgefüllt und die 600–700 kg schweren Teile von Hand auf dem so genannten Sackziehersteig über die Wildaualm nach Pankratzberg gezerrt. Von dort ging es dann auf Pferdekarren nach Kleinboden zur Eisenhütte, während Hunde die leeren Säcke wieder den Berg hinaufschleppten.

Später begann man im Öxltal mit dem Abbau von Eisenerz. Im Jahre 1860 wurde dann der Juliusstollen unweit der heutigen Bergstation der Spieljochbahn eröffnet.

Wer ausgiebige Informationen zur Geschichte Fügens erhalten möchte, der sollte das Heimatmuseums (Di, Fr 16–18 Uhr , Tel. 0 52 88 /6 30 44) oberhalb der Pfarrkirche besuchen.

Blick auf das Kellerjoch

Tour 9

Almen wie aus dem Bilderbuch

Der Vier-Almen-Rundweg bei Hochfügen

Hochfügen ist ein idealer Ausgangsort für genussreiches Wandern. Auf dem Vier-Almen-Rundweg haben insbesondere Familien mit Kindern Freude am rauschenden Finsingbach und den urig anmutenden Almsiedlungen.

DIE WANDERUNG IN KÜRZE

+ Anspruch	**Charakter:** Einfache Rundwanderung überwiegend auf breiten Almwegen, zwischendurch auch auf schmalen Steigen.	Almhof in Hochfügen, auf der Strecke keine.
3 Std. Gehzeit	**Markierung:** Rote Markierung auf Weg Nr. 13 (Vier-Almen-Rundweg)	**Anfahrt: Mit dem Pkw:** Inntalautobahn A12 bis Ausfahrt Zillertal, dann weiter auf der B169 nach Fügen. Von dort auf steiler Bergstraße 13 km bis Hochfügen. Großer Parkplatz vorhanden. **Mit Bahn und Bus:** Stündl. Bahn von Jenbach nach Fügen, ab Fügen mit der Buslinie 8333 (Mo–Fr 8.40 und 12.30 Uhr, Sa, So 8.40 und 11.23 Uhr) nach Hochfügen.
350 m An-/Abstieg	**Wanderkarte:** Mayr Wander- und Tourenkarte 31, Vorderes Zillertal, 1:35 000, oder Wanderkarte freytag & berndt Wk 151, Zillertal – Tuxer Alpen – Jenbach – Schwaz, 1:50 000.	
	Einkehrmöglichkeiten: Café Berghotel und Café	

Der Vier-Almen-Rundweg beginnt vis-à-vis des Berghotels in **Hochfügen**. Er streift die Niederleger Lamark-, Pfunds-, Viertel- und Holzalm und ist durchgehend gut beschildert.

Zunächst führt ein breiter Almweg in einigen Kehren unterhalb eines Schlepplifts den Hang hinauf. Dann

wird das Gelände flacher, und rasch tauchen die 13 Hütten der **Lamarkalm** (30 Min.) auf. Die kleinen Holzhütten sehen sehr urig aus, doch der technische Fortschritt hat auch hier bereits Einzug gehalten; der Energiebedarf wird mit Solaranlagen sichergestellt und Satelliten bringen

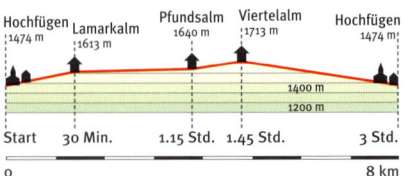

Hochfügen 1474 m	Lamarkalm 1613 m	Pfundsalm 1640 m	Viertelalm 1713 m	Hochfügen 1474 m

1400 m
1200 m

Start	30 Min.	1.15 Std.	1.45 Std.	3 Std.

0   8 km

alle Fernsehprogramme in die gute Stube.

Unterhalb der Alm zweigt die Route links ab und führt über ein Bachbett zu dem gegenüberliegenden Hang. Der Steig gewinnt langsam an Höhe und quert unter zwei Liftanlagen hindurch in lichtem Wald gen Süden der Sonne entgegen. Je nach Jahreszeit kann man Waldfrüchte ernten, vor allem Heidelbeeren gibt es im Spätsommer zur Genüge. Auch die malerisch gelegenen zwölf Hütten der **Pfundsalm** sind bald erreicht (1.15 Std.). Sie erwecken Assoziationen an gemütlich-lauschige Hüttenwochenenden.

An der Alm vorbei gelangt man abwärts unmittelbar in den Talboden auf den Alpenvereinsweg 4, auf dem man in schöner zweistündiger Wanderung die Rastkogelhütte erreicht (siehe Tour 11). Bis zur nächsten Abzweigung gehen wir diesen Weg entlang.

Dann folgen wir dem Wegweiser zu den anderen Almen, die Zeitangaben zur Holzalm und nach Hochfügen sind jedoch reichlich übertrieben. Wir steigen ein kleines Stück zum Finsingbach ab und überqueren ihn auf einer Brücke. Die angrenzenden flachen Almwiesen sind für Picknick und Erholungsschläfchen wie geschaffen.

Nach einer Kehre können die knapp 100 m höher gelegenen sieben Hütten der **Viertelalm** entweder auf direktem Weg erstiegen werden, indem wir die Fahrstraße rechter Hand verlassen. Alternativ folgen wir dem Fahrweg und gehen an der anschließenden Kehre etwas weniger steil ein Stück in Richtung Rastkogel. Die Hütten liegen sehr aussichtsreich auf einer Anhöhe und sind auf jeden Fall einen kleinen Abstecher wert (1.45 Std.).

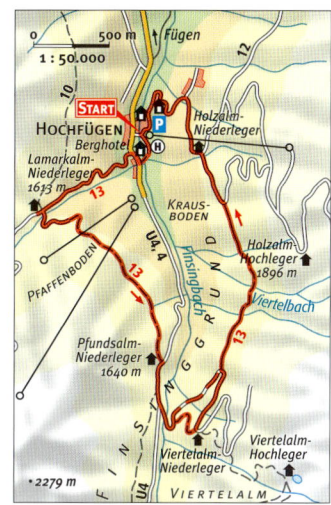

An der beschriebenen Kehre führt unser Weg nun eben nach Norden. Über uns breitet sich ein Wildfütterungsbereich aus, den zu betreten zum Wohl der Tiere indes untersagt ist. Auffallend sind in dieser Gegend einige markante, einzeln stehende Kiefern. Der zum Teil mit Gras bewachsene Weg verengt sich zwischenzeitlich, führt in den Wald und quert das von Pflanzen üppig umgebene Kiesbett des Viertelbachs. Dann kommen wir an eine Lichtung und blicken direkt auf das Kellerjoch im Norden. Wenn wir uns umdrehen, grüßt der Rastkogel, König der Tuxer Voralpen, aus der Ferne.

Im weiteren Verlauf stoßen wir wieder auf einen breiten Güterweg und queren unterhalb des **Holzalm-Hochlegers** durch teils schönen Kiefernwald. An einer Gabelung steigen wir nach links ab und erblicken die Hütten des **Holzalm-Niederlegers**, womit wir unsere vierte und auch letzte Almsiedlung erreicht haben (2.45 Std.). Schön zu sehen von hier sind im Norden das Kellerjoch, im

Tour 9

Westen der Gilfert und im Südosten der Marchkopf.

Der verbleibende Abstieg führt uns zunächst unter einem Sessellift hindurch, und in einer Serpentine gelangen wir an die ersten Häuser von **Hochfügen**. Wir bleiben weiterhin auf der geteerten Straße und kommen auf dieser schnell zum Berghotel bzw. zum Parkplatz zurück (3 Std.).

Wandern auf dem Vier-Almen-Rundweg

Erlebnis Zillertaler Höhenstraße

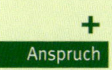

Von der Hirschbichlalm auf den Marchkopf

Die mautpflichtige Zillertaler Höhenstraße zählt zu den schönsten Alpenstraßen Österreichs. Ihr exponierter Verlauf bietet dem Autofahrer exzellente Ausblicke, die nur durch jene von den umliegenden Gipfeln überboten werden.

DIE WANDERUNG IN KÜRZE

+
Anspruch

3.30 Std.
Gehzeit

700 m
An-/Abstieg

Charakter: Einfache Rundwanderung auf schönen Almwegen, im Gipfelbereich etwas abschüssig.

Wanderkarten: Mayr Wander- und Tourenkarte 31, Vorderes Zillertal, 1:35 000, oder Wander karte freytag & berndt Wk 151, Zillertal – Tuxer Alpen – Jenbach – Schwaz, 1:50 000.

Einkehrmöglichkeiten: Jausenstation Hirsch-

bichlalm, Almstüberl Zellbergbuam.

Anfahrt: Mit dem Pkw: Inntalautobahn A12 bis Ausfahrt Zillertal, weiter auf der B169 bis Ried, Kaltenberg oder Aschau und auf der Zillertaler Höhenstraße zur Jausenstation Hirschbichlalm. Parkplatz vorhanden. **Keine Bahn-** oder **Busverbindung.**

Die Wanderung beginnt an der **Hirschbichlalm.** Vom Parkplatz gehen wir zunächst ein Stück weit auf der Teerstraße bis zur **Krössbrunnalm,** wo ein bezeichneter Weg nach rechts abzweigt (Wegweiser Marchkopf/Rastkogelhütte). Auf diesem wandern wir leicht ansteigend auf Almwiesen hin in ein kleines Bachbett. Hier folgen wir nicht dem parallel zum Bach führenden Weg, sondern setzen den Aufstieg in einer ausholenden Kehre fort (15 Min.). Der Steig wird etwas schmaler und führt geradewegs auf den Marchkopf zu. Wenn wir uns umdrehen, haben wir einen sehr schönen Blick auf die Ahornspitze oberhalb von Mayrhofen.

Von rechts sprudelt ein Bach zwischen den Büschen hervor und begleitet uns eine Zeit lang. Er versorgt den unter uns fließenden Hauptbach mit zusätzlichem Wasser. Nach insgesamt 30 Min. erreichen wir eine sehr flach geneigte Almwiese. Der Felskopf, der unmittelbar vor uns steht, wird rechts umgangen. Nach einem kurzen Steilstück stoßen wir wiederum auf eine flache Wiese. Hier ignorieren wir den nach rechts deutenden Markierungspfeil und streben unterhalb einiger auffallender Felsen weiter dem Joch entgegen.

Nach einem relativ engen Durchschlupf weitet sich das Bachtal wieder. Der Steig führt nun über feuchte Wiesen auf einen markanten Fels-

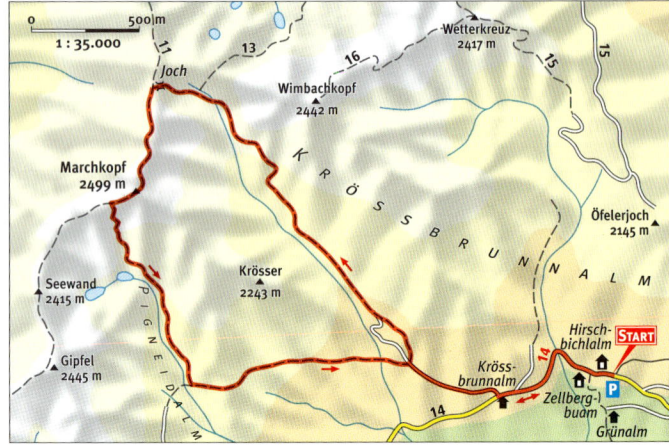

block zu, unter dem eine Sitzbank angebracht ist. Das zwischen Marchkopf und Wimbachkopf liegende namenlose **Joch** ist erreicht (1 Std.). Von hier eröffnen sich weite Blicke nach Norden in Richtung Karwendelgebirge.

Vom Joch zieht der Steig nach links direkt zum felsdurchsetzten Nordgrat des Marchkopfes hinüber. Unterhalb der Wand verbirgt sich ein kleiner Gebirgssee. Am Fuß des breiten Grates halten wir uns links. Erstmals wird der Gipfel sichtbar, rechts blickt man auf Hochfügen herab. In mehreren kleinen Stufen steigen wir zum Vorgipfel hinauf, bevor nach kurzem Abstieg auf mit Schotter bedecktem Untergrund die letzte Steilstufe zum **Marchkopf** folgt (1.45 Std.). Zwar kann der Gipfel vom Ausblick her mit dem südlich gelegenen Rastkogel

nicht ganz mithalten, doch mangels höherer Berge in der näheren Umgebung reicht das Panorama dennoch bis zum Zillertaler Hauptkamm. Der Marchkopf bildet mit Seewand und Kraxentrager eine Bergkette, die man auf einem schönem Höhenweg komplett überschreiten kann.

Wir verlassen den Gipfel in Richtung Süden und steigen teils über Wiesen, teils über Fels zum flachen Wiesenrücken ab. Hier kann man hervorragend Brotzeit machen, zumal an kühlen Tagen, wenn man sich an der Steinmauer vor dem Wind schützen kann. Weiter links ist ein riesiges Steinmandl angebracht.

Wir verlassen den Grat und steigen links über Wiesen Richtung Tal (Wegweiser Hirschbichlalm). In der Folge ist der Steig zwischen den ver-

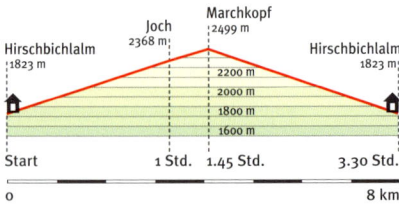

blichenen roten Markierungen kaum mehr erkennbar. Der Steig führt nicht zum im Schatten der Seewand liegenden Bergsee, sondern zu einem Geländevorsprung, auf dem ein kleines Steinmandl die Richtung weist. Weiter queren wir die Grashänge stets absteigend in der Nähe zweier Tümpel. Dann nehmen wir direkt Kurs auf das auffällige **Wiesenplateau**, das von mehreren Bachläufen durchzogen wird (2.30 Std.).

Ein noch größeres Plateau wartet etwas unterhalb auf uns. Von rechts oben steuert ein Fahrweg auf unsere Route zu, der hier jedoch abrupt endet. Wir halten uns etwas links und gelangen über Kuhweiden zu jener kleinen Bachschlucht, an der unser Aufstieg entlangführte. Dort überqueren wir den Bach und gelangen schließlich zurück zur Aufstiegsroute (3 Std.). Rechts führt der breite Weg zur Straße und zur **Hirschbichlalm** zurück (3.30 Std.).

Zillertaler Höhenstraße

Die Zillertaler Höhenstraße zieht mit ihren engen Kurven Ausflügler und Radsportler gleichermaßen in ihren Bann. Die Höchstgeschwindigkeit ist auf 30 km/h beschränkt, was Radfahrer während der Abfahrt jedoch kaum einhalten.

Ursprünglich wurde die Straße nicht für den Fremdenverkehr gebaut, sondern um einen besseren Schutz gegen Lawinen und Muren zu ermöglichen. Deshalb führt sie oberhalb der Waldgrenze durch ausgedehntes Almgebiet; immer wieder ergeben sich neue aufregende Ausblicke in das Zillertal. An der höchsten Stelle unterhalb des Arbiskopfes schaut man über 1500 Höhenmeter in den Talboden hinab.

Die Krössbrunnalm an der Zillertaler Höhenstraße

Grandiose Gipfelüberschreitung

Vom Gasthof Mösl über den Rastkogel nach Vorderlanersbach

Der Rastkogel ist nicht nur der höchste Berg der Tuxer Voralpen und von allen Seiten eine majestätische Erscheinung, sondern er bietet auch einen grandiosen Gipfelrundblick.

DIE WANDERUNG IN KÜRZE

+++
Anspruch

8 Std.
Gehzeit

1400 m
Anstieg

1500 m
Abstieg

Charakter: Die Überschreitung des Rastkogels ist eine lange, anspruchsvolle Tour (besser in 2 Tagen) und erfordert neben guter Kondition alpine Erfahrung sowie Trittsicherheit im felsigen Gipfelbereich.

Wanderkarten: Mayr Wander- und Tourenkarte 31, Vorderes Zillertal, 1:35 000, oder Wanderkarte freytag & berndt WK 151, Zillertal – Tuxer Alpen – Jenbach – Schwaz, 1:50 000.

Einkehrmöglichkeiten: Gasthof Mösl, Rastkogelhütte, Heidi's Hütte, Gasthof Olpererblick.

Anfahrt: Mit dem Pkw: Inntalautobahn A12 bis Ausfahrt Zillertal, weiter auf B169 bis Hippach und auf der Zillertaler Höhenstraße zum Gasthof Mösl. Wer auf der Rastkogelhütte übernachtet (die empfehlenswerteste Variante!), sollte sein Auto am Bahnhof Ramsau/Hippach parken und mit dem Bus (2–4 mal tägl.) zum Gasthof Mösl fahren. **Mit Bahn und Bus:** Stündl. Bahn von Jenbach nach Ramsau/Hippach, von dort ab Gasthof Post mit der Schwendberg-Buslinie 8333, tägl. um 9.50 und 13.30 Uhr sowie Mo–Fr zusätzlich um 6.15 (nur an Schultagen) und 17.25 Uhr, bis zur Station Gasthof Mösl/Gasthof Roswitha.

Unterkunft: Rastkogelhütte (35 Betten, 65 Lager), Tel. 0 52 85/6 21 45, Fax 0 52 85/6 81 37, Anf. Juni bis Ende Okt. sowie zwischen Fasching und Ostern; mehrere Unterkünfte in Vorderlanersbach.

Rückfahrt: Mit Bahn und Bus: Von Vorderlanersbach häufig Busse nach Mayrhofen. Von dort mit dem Zug weiter bis Ramsau.

Die Wanderung beginnt am **Gasthof Mösl.** Hier folgen wir dem Wegweiser ins Obere Sidantal, die Sportalm und die Rastkogelhütte sind ebenfalls beschildert. Der zunächst geteerte Fahrweg führt aufwärts. Unter uns liegen auf flachen Almwiesen einige zum Teil verlassene Höfe. Das Tal öffnet sich, die Waldpassagen

Almhütten im Oberen Sidantal

nehmen ab und die Rastkogelhütte ist weithin sichtbar.

Wenig später erreichen wir die **Pointalm,** einen alten, mit Blumen geschmückten Holzbau, der für die ehemals stark verbreitete traditionelle Bauweise des Zillertals typisch ist. Es handelt sich hier um eine so genannte Aste; sie ist auch im Winter bewirtschaftet und birgt in ihrem Inneren eine beheizbare Stube. Das Vieh wird nachts im Gegensatz zu den höher gelegenen Almen, wo die Tiere permanent im Freien bleiben, in einfache Stallungen getrieben.

Jenseits der Alm geht es auf einem Steig weiter. Im weiteren Verlauf kommen wir an etlichen Söllhäusern vorbei, die früher den Tagelöhnern, Knechten und Handwerkern als Unterkunft dienten. Während die Berghänge an der gegenüberliegenden Talseite steil und unzugänglich sind, sind wir von zunehmend flachem, fast baumlosem Wiesengelände umgeben.

Zwischendurch ist unser Steig durch Grasbewuchs zwar nur schwer erkennbar, aber wir wandern weiter geradeaus auf die Hütte zu. An einem Bach gehen wir durch das Torgatter bis zu einer weiteren Alm. Von hier führt der nun wieder breitere Weg in langen Kehren den Hang hinauf zur Sidanalm, ein über 400 Jahre alter Familienbetrieb. Die Tage

und Nächte der ansässigen Bauern sind von harter Arbeit geprägt. Doch sie denken gar nicht daran, ihr Anwesen zu verkaufen. Lieber kämpfen sie frei nach dem Motto »Lieber nimmer lebn statt übergebn« um das Überleben. Talauswärts genießen wir von hier oben einen schönen Blick auf die Ahornspitze.

Nahe der Alm wurde im Jahre 1968 eine Materialseilbahn errichtet, mit der die Versorgung der Rastkogelhütte deutlich erleichtert wurde. Zuvor war der Materialtransport vom Tal bis zur Hütte ein Kräfte zehrender Tagesaufwand. Mit dem so genannten ›Tandem-Transport‹ wurden beispielsweise Holzbretter aufwändig auf den Rücken zweier Pferde nach oben geschleppt. In den 1930er Jahren gab es für diese schwere Arbeit pro Mann und Tier einen Taglohn von gerade 25 Schilling, etwa das Zehnfache von dem, was 1 l Wein gekostet hat. Heute schafft ein Hubschrauber bei Bedarf 1 t Gewicht in nur 6 Min. auf die Hütte, während der Lift 250 kg transportieren kann.

Unter der Liftanlage wird der Schlussanstieg zur **Rastkogelhütte** bewältigt (2.30 Std.). Die Wirtsleute sind ausgesprochen nett und kinderfreundlich, wer zwei Tage Zeit hat, sollte hier unbedingt eine Übernachtung einplanen.

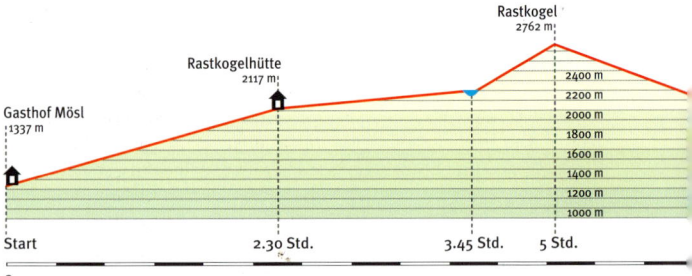

Gipfelkreuz auf dem Rastkogel

Etwas oberhalb der Hütte beginnt der Anstieg zum bereits sichtbaren Rastkogel, wir wandern an einem kleinen See vorbei in westlicher Richtung und queren die südlichen Ausläufer des Kreuzjochs. Nach etwa 20 Min. kommen wir an den Wegweiser nach Hochfügen, das wir rechts unter uns im Talschluss erkennen können. Unser Steig macht einen Bogen nach links und führt an kleinen Tümpeln vorbei Richtung Pfundsjoch. Wir queren die bunten Blumenwiesen des Rosskopfs und gehen durch etliche Mulden zuletzt leicht absteigend zu den zwei schön in einer Senke gelegenen **Bergseen** (3.45 Std.).

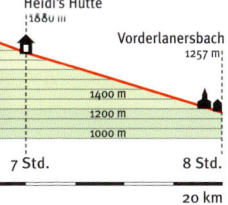

Hier beginnt der eigentliche Anstieg. Statt über saftige Wiesen wandern wir nun zunehmend über Geröll. Einige imposante Felsgebilde säumen den Steig, der direkt einem steilen Kar zustrebt. Der anfangs laut tösende Bach versickert weiter oben im Gestein. Auch im Hochsommer ist hier zuweilen noch mit Schneefeldern zu rechnen, so dass der Schlussanstieg zum Gipfel teilweise verdeckt sein kann. Bevor wir die Gratschneide erreichen, müssen wir rechts über steileres Blockgestein emporsteigen. Wir folgen dem Wegweiser Weidener Hütte. Über leicht begehbare Felsplatten klettern wir dann die fehlenden Meter auf den Gipfel des **Rastkogel** (5 Std.).

Bei schönem Wetter genießt man hier oben ein Panorama ersten Ranges. Durch die exponierte Gipfellage reicht unser Blick von Großglockner und Großvenediger im Osten über die Gletscher des Zillertaler Hauptkamms und des Olperermassivs bis hin zu den Eisbergen der Stubaier und Ötztaler Alpen im Westen.

Vom Gipfel steigen wir, den roten Markierungspunkten folgend, nach Westen über den teilweise leicht abschüssigen Grat abwärts. Eine kurze Steilstufe ist mit einem Drahtseil gesichert. Der Grat flacht ab und die nach Süden führende Abzweigung Tux/Lanersbach ist nicht mehr weit (5.30 Std.).

In steilen Kehren geht es zu einem See hinab, wo der Weg nach rechts an zwei weiteren Seen vorbei bis zu den Wiesen der **Lämmerbichlalm** zieht. Nun halten wir uns links über feuchte Almmatten abwärts zu einem weithin sichtbaren Güterweg. Auf diesem können wir ohne großen Höhenverlust genussvoll hinabspazieren, der Ausblick nach Süden ist noch immer beeindruckend.

Dann verlassen wir den Güterweg und folgen dem Wegweiser Vorderlanersbach. Der Steig verliert sich vorübergehend im Wiesengelände, wir orientieren uns an den roten Markierungsstangen. **Heidi`s Hütte,** für den erschöpften Bergwanderer eine willkommene Einkehrgelegenheit, liegt rechts von uns knapp unterhalb des Sessellifts (7 Std.).

Von der Hütte führt eine Fahrstraße, die im Winter als Rodelbahn genutzt wird, abwärts. Schneller und schöner ist jedoch die etwas steilere Abkürzung auf dem bezeichneten Steig 51 direkt zum **Gasthof Olpererblick** (7.30 Std.).

Die letzte Etappe nach Vorderlanersbach führt auf der Teerstraße an den schönen Bauernhäusern des Weilers Schöneben entlang und zuletzt steil durch Wald zu den oberen Ausläufern des Orts. Das Tuxer Tal lässt sich von hier gut überblicken. In zwei Serpentinen gelangen wir schließlich in den Ortskern von **Vorderlanersbach** (8 Std.).

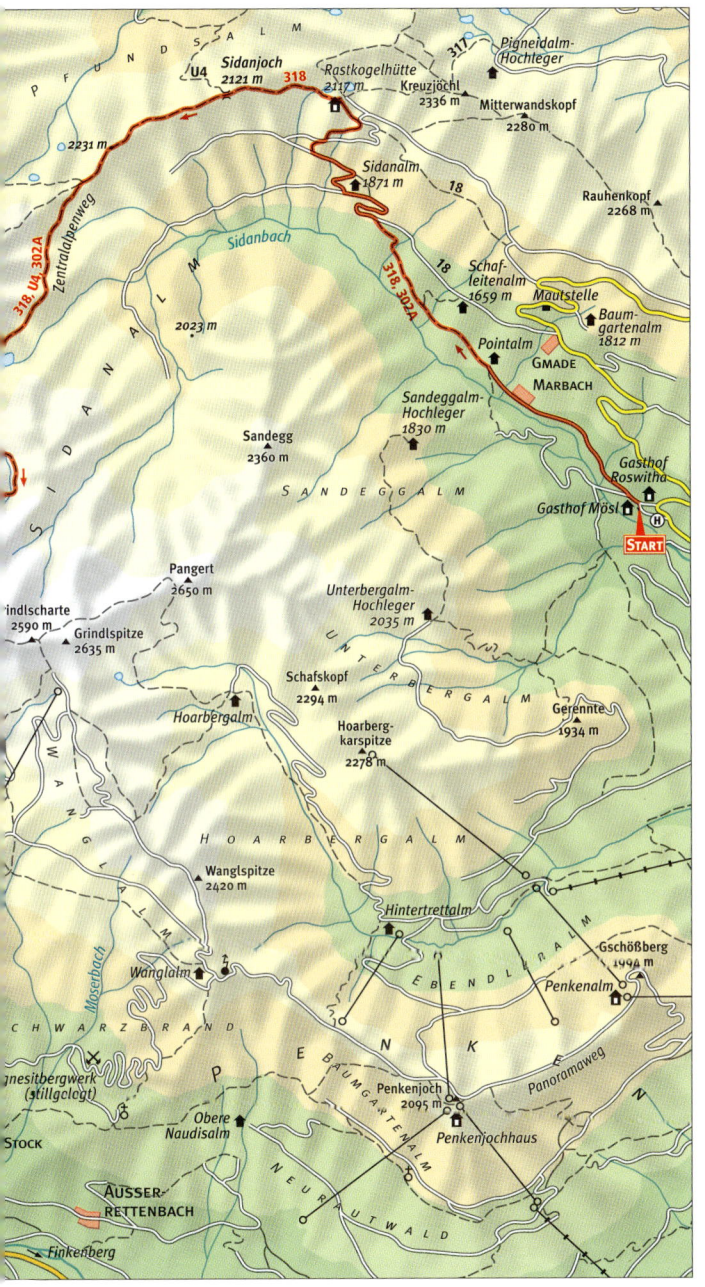

Tour 12

Drei Joche und ein Gipfel

Von Innerst über die Weidener Hütte auf die Hippoldspitze

Die Tuxer Voralpen bieten lohnende Gipfelziele und sind auch an schönen Tagen nie überlaufen. Durst muss der Wanderer nicht fürchten: Auf dem oft einsamen Weg zur Hippoldspitze stößt er auf Wasser im Überfluss, von dem auch die üppige Flora profitiert.

DIE WANDERUNG IN KÜRZE

++
Anspruch

8 Std.
Gehzeit

1750 m
An-/Abstieg

Charakter: Lange, jedoch leichte Rundwanderung, nur in Gipfelnähe steil und anstrengend. Auf zwei Tage verteilt lässt sich die landschaftliche Vielfalt noch intensiver genießen.

Wanderkarte: Wanderkarte freytag & berndt WK 151, Zillertal – Tuxer Alpen – Jenbach – Schwaz, 1:50 000, oder Kompass Wanderkarte 37, Zillertaler Alpen – Tuxer Voralpen, 1:50 000.

Einkehrmöglichkeiten: Jausenstation Innerst, Weidener Hütte.

Anfahrt: Mit dem Pkw: Inntalautobahn A12 bis Ausfahrt Schwaz oder Wattens, dann auf der B171 Richtung Innsbruck bzw. Kufstein bis Pill. Dort Abzweigung nach Weerberg und auf enger Straße weiter nach Innerst. Parkmöglichkeiten am Ende der Straße sind begrenzt. **Keine Bahn-** oder **Busverbindung.**

Unterkunft: Weidener Hütte (36 Lager), Tel. 0 52 24/6 85 29, ganzjährig außer Nov. und Mitte April bis Mitte Mai.

Innerst, der Ausgangsort unserer Route, ist die letzte ganzjährig bewohnte Siedlung am Westhang über dem Weerbach. Vom Parkplatz gehen wir an der Jausenstation Innerst vorbei und am Waldrand entlang zu-

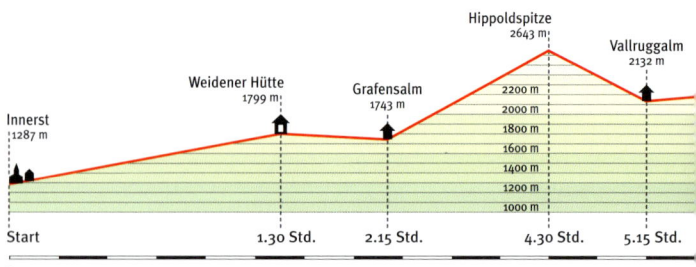

nächst abwärts bis zur Pfundbrücke, die über den schäumenden Nurpensbach führt (AV-Weg 315). Jenseits der Brücke steigt man oberhalb eines kleinen E-Werks durch Fichtenwald bis zum Fahrweg. Auf diesem wandern wir, von einer markierten Abkürzung abgesehen, stets aufwärts in südlicher Richtung.

Nach etwa 45 Min. lichtet sich der Wald, und insbesondere im Frühsommer sind die blühenden Almwiesen voll von Teufelskralle, Hahnenfuß, blauem Waldvöglein, Storchenschnabel, Blutströpferl, Frauenmantel, Margeriten und Glockenblumen. An den freien Hängen der Rosslaufspitze liegen verstreut mehrere Privathütten und Asten. Von hier erblicken wir bereits die dank ihres felsigen Gipfelaufbaus gut erkennbare Hippoldspitze.

Dann geht es weiter durch den vor Lawinen schützenden Hochwald bergauf. Der Waldboden ist hier vornehmlich mit Farnen und Heidelbeerpflanzen bedeckt; letztere tragen im August reichlich Früchte. Nach einer weiteren Abkürzung erreichen wir zuletzt auf dem Fahrweg die an der oberen Waldgrenze gelegene **Weidener Hütte** (1.30 Std.).

Bis 1927 nannte man sie ›Wirtshaus zur Nafing‹. Früher diente sie einheimischen Handelsleuten als Stützpunkt, für die das Geiseljoch am oberen Ende des Nafingtals die kürzeste Verbindung zwischen dem Inntal und dem Zillertal bzw. Tuxer Tal darstellte. Nach dem Kauf durch die Sektion Weiden ist sie dann in eine Bergsteigerunterkunft umgewandelt worden. Der sympathische Wirt sorgt heute vorzugsweise abends mit seiner Ziehharmonika für eine gemütliche und lebendige Hüttenatmosphäre.

Von der Hütte steigt man den Wiesenhang in das Bett des Nafingbachs hinab (Wegweiser Hippold), den man auf einer Brücke überquert. Nach kurzer heftiger Steigung verlieren wir bei der Querung in das benachbarte Weerbachtal etwas an Höhe. In den nordwärts ausgerichteten Hängen wuchert die Alpenrose, ein bis zu 1 m hohes Heidekrautgewächs, das sauren Humusboden bevorzugt und zwischen Mai und Juli in vollster Blüte steht. Das letzte Stück bis zur **Grafensalm** legt man an Kuhtränken vorbei auf dem Fahrweg zurück (2.15 Std.).

Hier beginnt der eigentliche Gipfelanstieg. Oberhalb der nur im Sommer bewohnten Alm führt der markierte Steig 319 in die Osthänge der gleichnamigen Spitze. Dabei entfernt man sich erst moderat, dann steiler ansteigend vom Talboden und dem weithin sichtbaren alten Saumweg, der in vielen Serpentinen

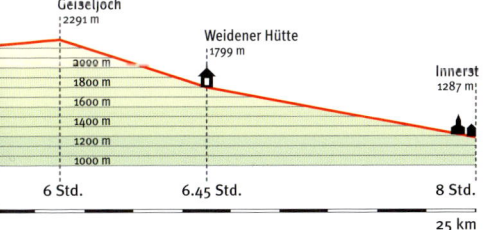

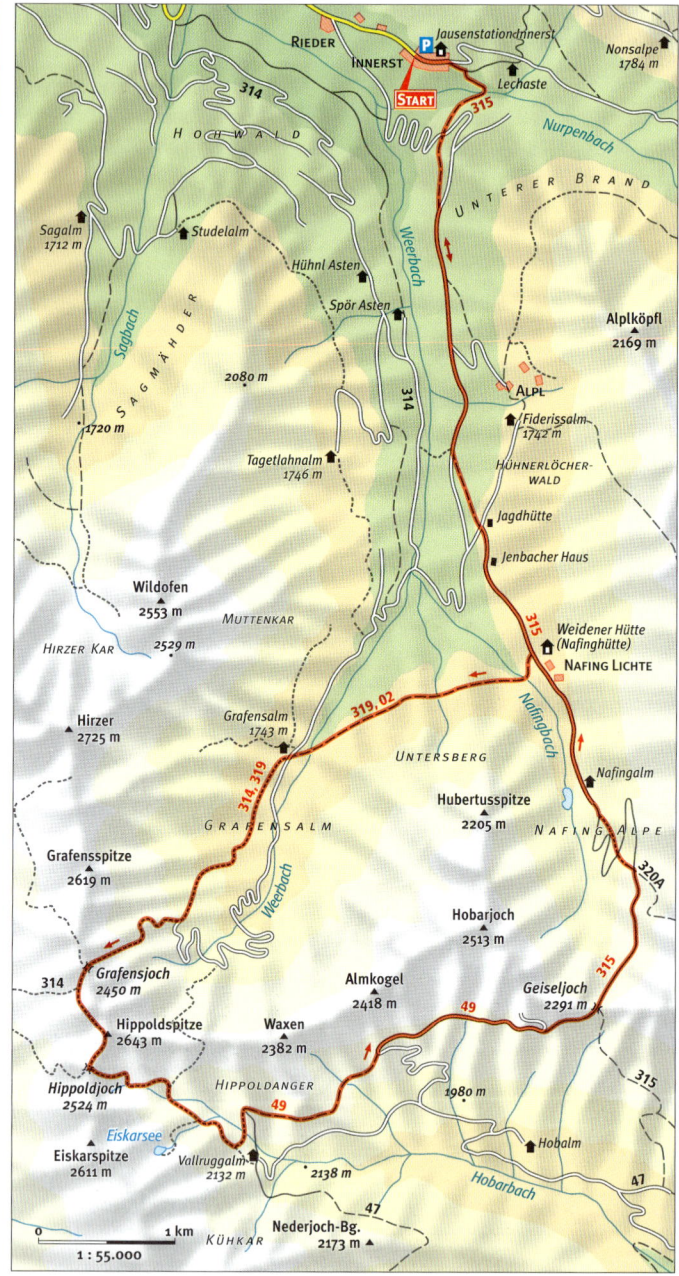

nur mühsam an Höhe gewinnt. Frisches Quellwasser sprudelt allerorts zu Tal. An einer kleinen **Schutzhütte** treffen wir wieder auf den breiten Weg (3.15 Std.).

Wir folgen dem roten Pfeil und laufen zunächst geradewegs auf die Gipfelwand des Hippold zu. Dann wendet sich der Steig nach rechts und strebt über wellige, mäßig steile Almmatten an einem kleinen See vorbei dem **Grafensjoch** zu (4 Std.). Über dieses Joch ist der Übergang zur Lizumer Hütte möglich, die inmitten eines Militärgebietes liegt (siehe Tour 13).

Vom Joch präsentiert sich unser Gipfel als breiter Fels- und Schuttkegel, den zu erklimmen einem kleinen Kraftakt gleichkommt. Denn unangenehm steil kämpft man sich die fehlenden Meter auf dem schotterigen Untergrund zwischen den Felsblöcken hinauf. Bald taucht das erlösende Gipfelkreuz auf, den höchsten Punkt der **Hippoldspitze** markiert jedoch die verrostete Stange auf dem nahen Felsaufbau (4.30 Std.).

Die freie Gipfellage ermöglicht einen umfassenden Rundblick bis weit über die Tuxer und Zillertaler Alpen hinaus. Im Westen etwa sind die Stubaier Alpen zu erkennen, am auffälligsten leuchtet uns der breite Gletscher des Wilden Freigers entgegen.

Der Abstieg führt südlich des Gipfelkreuzes oberhalb einer steil abfallenden Hangkante direkt auf das nahe Hippoldjoch (Steinmandl). Vorsicht jedoch bei einfallendem Nebel: dann sind die spärlichen roten Punkte kaum auszumachen (4.45 Std.).

Am Joch halten wir uns links und steigen in den Taleinschnitt ab. In zwei kurzen Steilstufen erreichen wir ein herrliches, von Bächen durchzogenes Hochplateau, in dem sich Butterblumen und Bergenzian heimisch

fühlen. In dieser Gegend trifft man meist mehr Murmeltiere als Menschen an. Wenig später taucht die **Vallruggalm** auf, die wir jedoch rechts liegen lassen und linker Hand direkt den markanten **Felsklotz** anvisieren (5.15 Std.).

Es folgt ein letzter Gegenanstieg, der sich als nur leicht ansteigender, herrlicher Panoramaweg entpuppt: Famos ist der Blick auf Olperer, Gefrorene-Wand-Spitzen und Hohen Riffler. Erst am **Geiseljoch** müssen wir uns von dieser imposanten Bergkulisse verabschieden (6 Std.).

Vom Joch wandern wir auf dem AV-Weg 315 zunächst nur leicht abwärts auf die **Nafingalm** zu. Nach dem Wegweiser Rastkogel kürzt nach links ein markierter Steig in Richtung Talboden ab. Hier kann sich der erschöpfte Wanderer im unterhalb der Almen gelegenen See erfrischen (6.30 Std.). Oder in der Weidener Hütte, die von hier nur noch einen Katzensprung entfernt ist (6.45 Std.).

Von der Hütte erfolgt der Abstieg auf bekanntem Weg. Wir laufen stets auf das jenseits des Inntals von der Abendsonne oft schön beleuchtete Karwendelgebirge zu und kehren nach **Innerst** zurück (8 Std.).

Blauer Enzian

Tour 13

Paradies im Schneeloch

Von Walchen über die Lizumer Hütte auf die Geierspitze und über die Mölser Scharte zurück

In den Steilkaren oberhalb der Lizumer Hütte hält sich der Schnee oft bis in den Frühsommer hinein. Wenn nicht gerade eines der seltenen Manöver durchgeführt wird, zählt die Überschreitung des Geiers zu den lohnendsten Touren in den Tuxer Alpen.

DIE WANDERUNG IN KÜRZE

++
Anspruch

8 Std.
Gehzeit

1650 m
An-/Abstieg

Charakter: Ausgedehnte, aber technisch einfache Rundwanderung auf gut markierten Steigen, in Talnähe zum Teil auf Fahrwegen. Die Übernachtung auf der Lizumer Hütte ist zu empfehlen.

Wanderkarte: Wanderkarte freytag & berndt WK 151, Zillertal – Tuxer Alpen – Jenbach – Schwaz, 1:50 000, oder Kompass Wanderkarte 37, Zillertaler Alpen – Tuxer Voralpen, 1:50 000.

Einkehrmöglichkeiten: Walchen, Lizumer Hütte.

Anfahrt: Mit dem Pkw: Inntalautobahn A 12 bis Ausfahrt Wattens, dort Abzweigung in das Wattental und bis zum Lager Walchen (großer Parkplatz). **Keine Bahn- oder Busverbindung.**

Unterkunft: Lizumer Hütte (22 Betten, 40 Lager), Tel. 0 52 24/5 21 11, geöffnet Mitte Juni bis Anf. Okt. und Weihnachten bis Ende April

Die Wattener Lizum, das ausgedehnte Gebiet oberhalb von Walchen, wurde 1934 vom österreichischen Bundesheer in Beschlag genommen. Das Militär hat sich diesen Standort nicht von ungefähr ausgesucht: Er ist ein idealer Ausgangsort für Touren in die zentralen Tuxer Alpen. Soldaten und Wanderer kommen sich nur selten in die Quere, allerdings sollten die Hinweise auf den Warntafeln – z. B. bezeichnete Wege nicht zu verlassen oder Militärlager nicht zu fotografieren – ernst genommen werden. Am besten informiert man sich vor der Tour über etwaige Manöver bei der Lizumer Hütte.

In **Walchen**, wo unsere Tour beginnt, gabelt sich das Wattental in zwei Seitenarme: Links geht es in das Lizumtal (Aufstieg), rechts in das Mölstal (Abstieg). Beim **Gasthof Walchen** überqueren wir den tosenden Wattenbach und folgen hier dem Wegweiser Zirbenweg. Wir steigen parallel zum Bach talein und erreichen an einer Lichtung die **Melangalm** (45 Min.). Sie liegt am Rand einer großzügigen Hochebene mit Blick auf die steil aufragenden Tuxer Berge.

Wir halten uns hier links und verlassen die Ebene auf dem bezeichneten Zirbenweg. Auf der gegen-

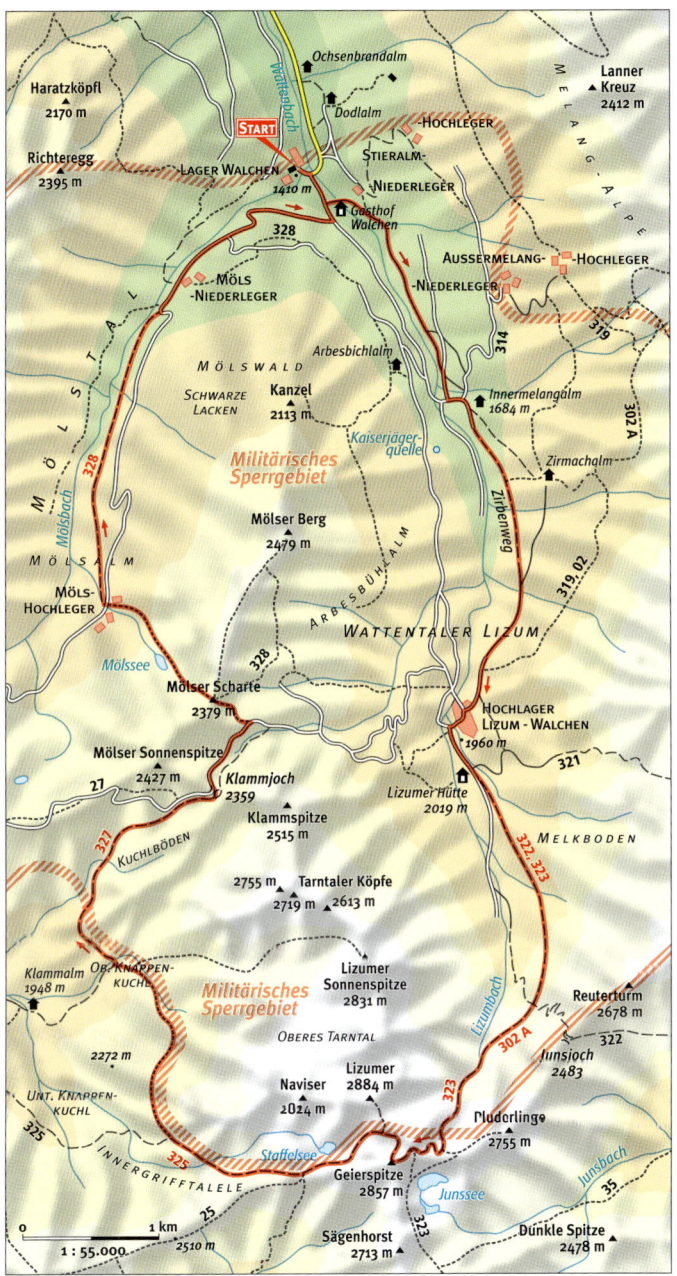

Rast auf der Geierspitze

überliegenden Talseite sieht man die Militärstraße nach oben führen. Beide Routen laufen oberhalb der über dem Talschluss aufragenden Felswand im **Hochlager** wieder zusammen (1.45 Std.).

Wir wandern an den ausladenden Kasernen vorbei auf die weithin sichtbare **Lizumer Hütte** zu (2 Std.), die das ganze Jahr über bewirtschaftet ist. Im Winter ist sie für Skitourengänger ein begehrter Stützpunkt. Sie liegt auf der Alpe Lizum im hintersten Wattental direkt an einem kleinen See.

Von der Hütte folgen wir dem Weg durch den begrünten, zum Teil sumpfigen Lizumer Boden, der südwärts gegen das Junsjoch emporzieht. Am Fuß des vom Joch herabreichenden Schuttkegels zweigen wir rechts ab in den Steilhang. Anstrengend geht es nun über Geröll unmittelbar auf die Felswände des Reckners zu. Etwa in der Mitte des Hanges halten wir uns leicht links

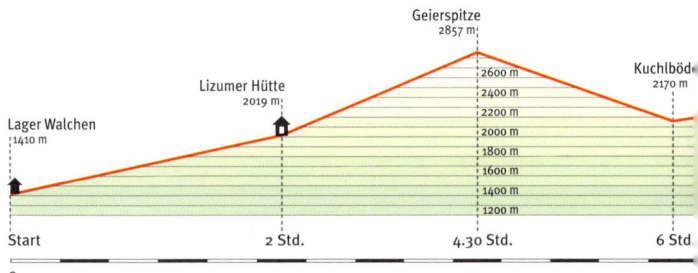

Wand-Spitzen, letztere exakt über dem unübersehbaren Skigebiet gelegen, scheinen zum Greifen nah. Weiter links sieht man die Eisgipfel des Zillertaler Hauptkamms in der Sonne leuchten.

Richtung Norden liegt in unmittelbarer Nachbarschaft der Reckner, der leicht ausgesetzt über den Südgrat zu bezwingen ist. Auf diesen wandern wir im Abstieg über flaches Geröll geradewegs zu, bis wir rasch die Einsattelung zwischen Geier und Reckner erreichen. Dort biegen wir links in die steile Schuttflanke und steigen zu dem malerisch in einem Kessel gelegenen **Staffelsee** ab (5 Std.).

Hinter dem oft schneebedeckten See führt der Steig zunehmend flach auf die weiten Böden der Griffalm zu. An der folgenden Weggabelung zweigen wir rechts ab und queren weit unterhalb der Felsen, stets etwas an Höhe verlierend, bis wir auf den von der Klammalm heraufziehenden Steig stoßen. Hinter den so genannten **Kuchlböden** (6 Std.) folgt nach der Bachüberquerung ein kurzer, aber steiler Gegenanstieg zum **Klammjoch**, wo sich wiederum ein kleiner See befindet (6.15 Std.).

Von der Scharte wandern wir auf der Militärstraße ein Stück weit in Richtung Wattener Lizum. Bald folgt die Abzweigung links zur nahen **Mölser Scharte**, die aufgrund der flachen Umgebung auch Ebene Scharte genannt wird (6.30 Std.). Jenseits der Scharte steigen wir über Weidehänge am Mölssee vorbei zum **Möls-Hochleger** hinab, einem weiteren Militärstützpunkt (6.45 Std.). Links von der Fahrstraße zweigt ein Steig ab, der in der Nähe des Baches durch schönen Wald zum **Möls-Niederleger** führt (7.30 Std.). Von hier geht es auf der Fahrstraße rasch nach **Walchen** zurück (8 Std.).

und steigen weiter in das auch im Sommer oft noch mit Schnee gefüllte Kar empor. Durch dieses gelangen wir auf die Gratschneide zwischen Pluderlingen und Geierspitze und werden vom herrlichen Blick auf den Tuxer Hauptkamm überrascht. Wir halten uns rechts und erreichen an einem Felskopf vorbei über Schutt und Blockwerk den breiten Gipfel der **Geierspitze** (4.30 Std.).

Vor allem nach Süden offenbart sich ein fantastischer Blick: Schrammacher, Olperer und Gefrorene-

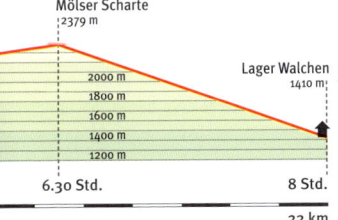

Mölser Scharte
2379 m

Lager Walchen
1410 m

2000 m
1800 m
1600 m
1400 m
1200 m

6.30 Std.   8 Std.

22 km

Über sonnige Bergwiesen

Auf den Hängen des Distelbergs

Die Gemeinde Aschau liegt an einer sehr engen Stelle des Zillertals. Links und rechts des Zillers steigen die mit Wald bewachsenen Berghänge ziemlich steil an. Auf der östlichen Seite sind oberhalb des Distelbergs die grünen, im Sommer bunt blühenden Wiesen zu erkennen, das Ziel dieser Wanderung.

DIE WANDERUNG IN KÜRZE

+
Anspruch

4 Std.
Gehzeit

750 m
An-/Abstieg

Charakter: Einfache, gemütliche Wanderung auf gut ausgebauten Waldwegen und Forststraßen zu den Bergalmen des Distelbergs.

Wanderkarten: Mayr Wander- und Tourenkarte 31, Vorderes Zillertal, 1:35 000, oder Wanderkarte freytag & berndt WK 151, Zillertal – Tuxer Alpen – Jenbach – Schwaz, 1:50 000.

Einkehrmöglichkeiten: Jausenstation Talblick

(ganzjährig geöffnet), Kreuzjochhütte (nur sporadisch bewirtschaftet).

Anfahrt: Mit dem Pkw: Inntalautobahn A12 bis Ausfahrt Zillertal, dann auf der B169 bis Aschau. Von dort in 10-minütiger Fahrt auf einer beschilderten Asphaltstraße zur Jausenstation Talblick. Parkmöglichkeit. **Keine Bus- oder Bahnverbindung.**

Der Distelberg oberhalb von Aschau zählt zu den fruchtbarsten Gegenden des Zillertals. Auf den weiten und sonnigen Wiesen oberhalb des Waldes sind zahlreiche Bauernhöfe angesiedelt. Neben der Viehzucht wird hauptsächlich Obstbau betrieben. Ein Stück weiter oben beginnen die Asten (Voralmen) und Almgründe, die teilweise bis hinauf zu den Bergscheiden reichen und die von unzähligen Kühen beweidet werden.

Aufgrund der großen Höhendifferenz zwischen dem Ort im Tal und

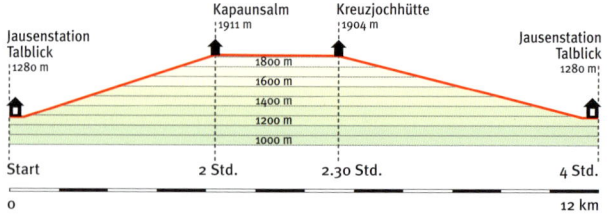

Kühe auf der Kapaunsalm

den Bergalmen beginnt unsere Wanderung etwa 200 m unterhalb der **Jausenstation Talblick** direkt an der Brücke über den Aufenfeldbach. Anfangs geht es recht steil am Bach entlang hinauf – im Sommer sind hier jede Menge Blaubeeren zu finden.

Nach etwa 150 Höhenmetern schwenkt der Pfad rechts den Abhang hoch und führt dann auf der befestigten Forststraße weiter. Als Orientierungshilfe dient der Wegweiser zur Kapaunsalm. Auf der weiteren Strecke lichtet sich der Wald immer mehr und macht den im Frühling und Sommer bunt blühenden Bergwiesen Platz.

Nach einer gemütlichen Wanderung erreichen wir die **Kapaunsalm** (2 Std.) und befinden uns nun inmitten des Weidegebiets zahlreicher Milchkühe.

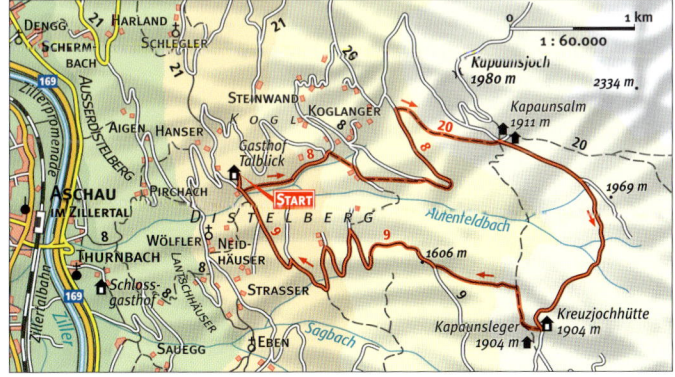

Abkühlung im Aufenfeldbach

Zum nächsten Etappenziel steigt der Weg nur noch kaum erkennbar an. Wir queren die riesigen Hänge der Kapaunsalm und gelangen schon sehr bald zur **Kreuzjochhütte** (2.30 Std.). Die Hütte ist sporadisch bewirtschaftet, doch aufgrund der unregelmäßigen Öffnungszeiten sollte man besser seine eigene Brotzeit mitnehmen. Es gibt hier auch einen kleinen Kinderspielplatz. Das Gelände um die Hütte herum ist zudem ein sehr schöner Platz zum Ausruhen.

Unterhalb der Kreuzjochhütte beginnt bereits der Abstieg (Wegweiser Jausenstation Talblick). Über einsam gelegene Bergwiesen geht es wieder hinunter ins Tal, vorbei an mehreren alten Bauernhöfen, die fast alle nur noch im Sommer zur Zeit der Heuernte bewohnt werden. Etwa nach der halben Strecke kommen wir wieder auf die befestigte Straße, die in weit auseinander liegenden Serpentinen durch den schattigen Wald führt.

Diese Straße endet später direkt an der Brücke über den Aufenfeldbach, die wir vom Beginn der Wanderung her kennen. Hier können wir unsere müden Beine im kühlen Wasser angenehm erfrischen. Danach sind es dann nur noch wenige Minuten wieder hinauf zur **Jausenstation Talblick** (4 Std.).

Neue Dimensionen im Schnee

Von der Rosenalm über das Kreuzjoch nach Gmünd im Gerlostal
Unterhalb des Kreuzjochs sind mit dem Krimml X-press die Skistationen Zell, Gerlos und Königsleiten miteinander vereinigt worden. Eine spektakuläre Neuheit, die nicht nur Freunde erweckt.

DIE WANDERUNG IN KÜRZE

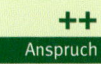

++
Anspruch

4.30 Std.
Gehzeit

850 m
Anstieg

1350 m
Abstieg

Charakter: Einfache Wanderung auf markierten Fahrwegen und Steigen. Anstieg überwiegend im Skigebiet, Abstieg nach Gerlos auf einsamen, unzureichend markierten Pfaden. Markierungsstangen sind geplant!

Wanderkarte: Mayr Wander- und Tourenkarte 33, Zillertaler Alpen, 1:35 000, oder Wanderkarte freytag & berndt WK 151, Zillertal – Tuxer Alpen – Jenbach – Schwaz, 1:50 000.

Einkehrmöglichkeiten: Rosenalm, Kreuzjochhütte (nur sporadisch bewirtschaftet), Kreuzjochalm, Gasthof Kröller in Gmünd.

Anfahrt: Mit dem Pkw: Inntalautobahn A12 bis Ausfahrt Jenbach, dann auf der B169 bis Rohr bei Zell am Ziller. **Mit der Bahn:** Stündl. von Jenbach nach Rohr. **Mit dem Bus:** Ab Bahnhof Jenbach ca. alle 2 Std. bis Rohr.

Rückfahrt: Von Gmünd mit dem Bus um 15.10 und 17.35 Uhr.

Fahrzeiten: Kreuzjochbahn: Mai bis Anf. Okt. 8.40–17 Uhr, bei Schlechtwetter nur stündl.

Um dem tief gelegenen Zillertaler Talboden zu entfliehen, gönnen wir uns quasi als Steighilfe die Kreuzjochbahn. Wir besteigen in Rohr eine der zahlreichen Vierergondeln und schweben in 9 Min. bis zur Mittelstation Wiesenalm; ebenso lange dauert der zweite Abschnitt bis zur **Bergstation der Kreuzjochbahn** an der **Rosenalm**. Während der gemütlichen Auffahrt genießen wir schöne Blicke in die Tuxer Alpen.

Nach Verlassen der Bergstation halten wir uns links und wandern auf dem Fahrweg (Wegweiser Kreuzjoch) über flache Almwiesen in Richtung des Waldes. Dort geht es unterhalb des im Sommer stillgelegten Sessellifts in großzügig angelegten Serpentinen nach oben. Wer etwas rascher an Höhe gewinnen will, kann an einer Almwiese den markierten Steig als Abkürzung benutzen.

Wieder auf dem Fahrweg angekommen, weht uns bald eine an einer Aussichtsbank platzierte Österreich-Flagge entgegen; der Rastplatz wirkt angesichts zweier kleiner Seen, schöner Föhren und der weit reichenden Aussicht sehr idyllisch.

Kreuzjochhütte
1904 m
Saagbach
Kreuzjochlift
START
Rosenalm
1730 m
Haslach
Kreuzjochalm
2072 m
Pfannsee
Törljoch
2189 m
Törljochlift
Grindlalm
1831 m
ROHRBERG
Hochfeldbach
Roßsee
Karhütte
2072 m
10A
Karspitzlift
Karspitze
2264 m
Wiesenalm
2135 m
10
11
1455 m
Kreuzwiesenlift
Rohr,
Zell am Ziller
Höhenbichl
1839 m
Ausserterten
1858 m
Kreuzwiesen-
hütte
Kreuzwiese
OBERBERG
Wasserfall
Lackenbach
SCHWAIGER
ERLACH
INNERTÄLER
GERLOSBERG
Stinkbach
Mühlbach
Stockachaste
Gerlosbach
Hainzenberg
GERLOSTAL
Astachhof
1400 m
165
0
500 m
1 : 50.000
RINDERSCHLAG

Rosenalm
1730 m
Kreuzjochhütte
1904 m
Törljoch
2189 m
Kreuzjoch
2558 m
Gerlostaljoch
2156 m
Gmünd im
Gerlostal
1204 m
2200 m
2000 m
1800 m
1600 m
1400 m
1200 m
1000 m
Start
30 Min.
1.15 Std.
2.15 Std.
3.15 Std.
4.30 Std.
0
13 km

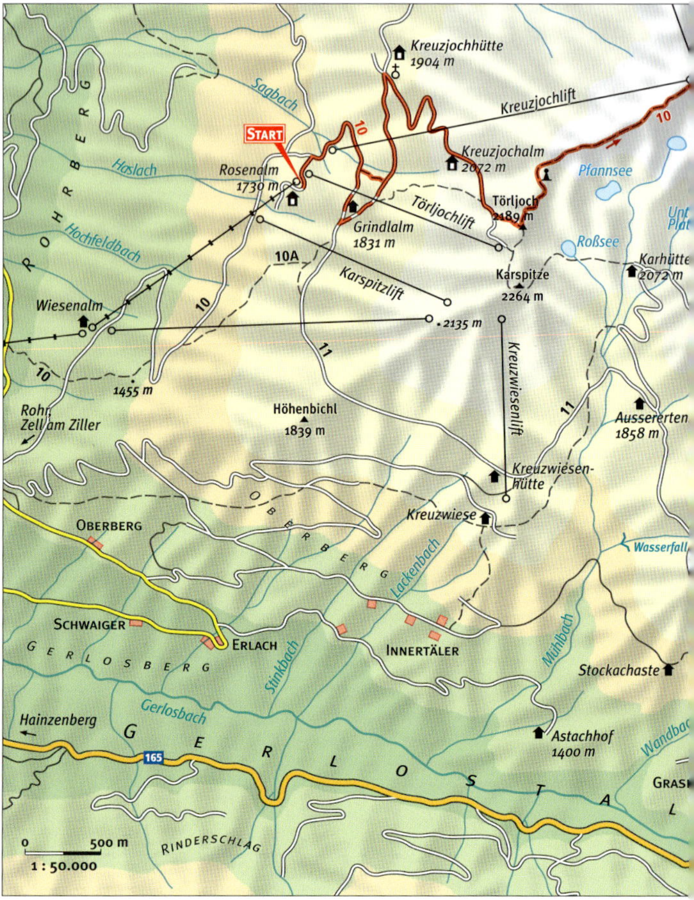

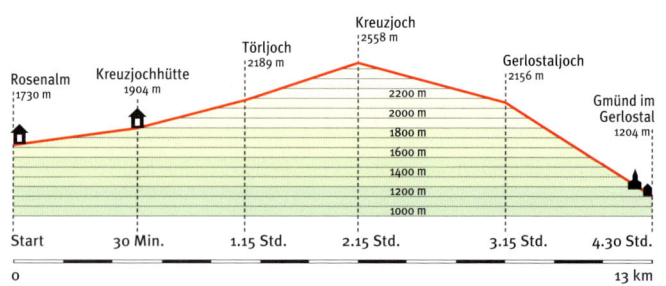

der Landschaft wahrlich nicht zugute kommt. Der Steig führt in Abschnitten steil über Grashänge die Piste querend auf das **Törljoch** zu (1.15 Std.).

Weiter geht es links auf dem breiten Bergrücken empor. An einer Steinruine und Gedenktafel vorbei erreichen wir die neu erbaute **Skistation** (1.45 Std.). Schöner ist der Blick rechts hinunter in den Kessel der Karhüttenalm, wo gleich mehrere kleine Bergseen liegen. Die Szenerie erinnert stark an einen Vulkankrater; im Verlauf der Tour werden wir den ›Krater‹ an seinem Rand komplett umgehen.

Nach einer kurzen Steilstufe in der Nähe des mit Schutt bedeckten Grates stoßen wir auf die über 2500 m hoch gelegene Skistation Krimml X-Press. Wir halten uns weiter Richtung **Kreuzjoch**, dessen Gipfel wir auf dem breiten Nordwestgrat erreichen (2.15 Std.). Die Aussicht reicht hier von Großglockner über Großvenediger, Wildkarspitze, Reichenspitze, Großen Löffler, Schwarzenstein, Großen Möseler und Hochfeiler bis hin zu Olperer und den Gefrorene-Wand-Spitzen, um nur die bedeutendsten Gletschergipfel zu nennen. Schön anzusehen ist auch der Speichersee Durlassboden im Gerlostal.

Vom Gipfel steigen wir kurz über Blockwerk zu jenem Grat ab, der weithin sichtbar nach Süden in Richtung Gerlostal führt. Vorübergehend leitet uns der Steig nach links von der Gratscheide weg, wobei sich ein eindrucksvoller Tiefblick zum Innerertensee ergibt. Schließlich erreichen wir nach kurzem Gegenanstieg auf der Westseite des Grates das **Gamsköpfl** (2.30 Std.).

Nun geht es steil über den südlich ausgerichteten Grashang in eine Scharte hinab. Leider verlieren sich hier die Markierungen im Nirgend-

Letzteres trifft aber auch auf die rasch auftauchende, von einer kleinen Kapelle flankierte **Kreuzjochhütte** (30 Min.) zu. Ihre schöne Terrasse lädt zu einer Rast ein.

Wir setzen unseren Aufstieg auf dem Fahrweg Nr. 10 in Serpentinen fort und passieren die **Kreuzjochalm** (45 Min.). Hinter der Alm verlassen wir den Fahrweg links auf dem bezeichneten Steig (Wegweiser Kreuzjoch). Leider wurden im Sommer 2000 neue Skipisten angelegt, was

Einer der beiden kleinen Seen nahe der Kreuzjochhütte

wo. Der vor uns stehende Graskopf wird ohne größeren Höhenverlust auf Pfadspuren rechts umgangen, bis wir auf verkarstetem Untergrund in die so genannte **Schachtl** (Schachter) gelangen (3 Std.). Hier orientieren wir uns leicht links und queren nun wieder auf besser erkennbarem Pfad die Osthänge des Richtbergkogels. Auf dem breiten Rücken weisen Markierungsstangen den Weg, und wir wandern über Grasmatten direkt auf das **Gerlostaljoch** zu (3.15 Std.). Vom Joch steigen wir zunächst direkt in Richtung des Durlassbodens ab, bevor wir rechts über schöne Wiesen auf einen Fahrweg gelangen. Hier liegen oberhalb der Waldgrenze die Hütten der **Gerlostalalm** (3.45 Std.).

Achtung: Im Sommer 2000 wurde der Abstieg im Bereich der Almen dank eingezäunter Viehweiden und fehlender Markierungen erheblich erschwert. Der Tourismusverband Gerlostal gab auf Drängen der Autoren die Zusage, durch Aufstellen von 30 rot-weiß-rot markierten Pflöcken die Orientierung im Abstieg zu erleichtern. Wichtig ist, sich an den weit gestreuten Holzhütten immer links zu halten. Nach Passieren der untersten linken Hütte stoßen wir an der Wald-

grenze an einen rot markierten Baum; von dieser Stelle ist der weitere Abstieg wieder leicht zu finden.

Durch dichten Wald gelangen wir über einen weiteren Fahrweg sehr steil in den Talboden nach **Gmünd** (4.30 Std.) Die Busstation befindet sich vis-à-vis des Gasthofs Kröller.

Krimml X-Press

Die futuristisch anmutende, orange-blau gestrichene Skistation ist neu entstanden und noch in kaum einer Landkarte eingezeichnet. Mit dieser kühn auf dem Felsgrat platzierten Station will man Skifahrern und Snowboardern eine »neue Dimension des Schneevergnügens« eröffnen. Denn mit Hilfe des Krimml X-Press können stündlich bis zu 1800 Personen von Tirol Richtung Salzburg und zurück pendeln. Bis das größte Skigebiet des Zillertals Ende 1999 endlich Premiere feiern durfte, mussten die Väter des Projekts sich über Jahre hinweg zähen Verhandlungen stellen. Umweltschützer hatten sich gegen eine Naturverschandelung diesen Ausmaßes heftig zur Wehr gesetzt.

200 m senkrecht in die Tiefe

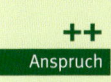

Rund um die Gerlossteinwand

Majestätisch baut sich die Gerlossteinwand vor dem Bergwanderer auf. Doch keine Angst, man muss keinen einzigen Meter durch den Fels klettern, denn von Süden her führen zwei Bergsteige direkt an das Gipfelkreuz heran.

DIE WANDERUNG IN KÜRZE

++
Anspruch

Charakter: Mittelschwere Wanderung auf gut markierten und ausgetretenen Bergsteigen, aber mitunter etwas steil.

3 Std.
Gehzeit

Wanderkarten: Mayr Wander- und Tourenkarte 32, Gerlos – Zillertal, 1:35 000, oder Wanderkarte freytag & berndt Wk 152, Mayrhofen – Zillertaler Alpen – Gerlos – Krimml, 1:50 000.

550 m
An-/Abstieg

Einkehrmöglichkeiten: Berggasthof Gerlosstein bei der Bergstation der Gerlossteinbahn.

Anfahrt: Mit dem Pkw: Inntalautobahn A12 bis zur Ausfahrt Zillertal, dann auf der B169 bis Zell am Ziller, danach links auf die B165 Richtung Gerlos bis nach Hainzenberg. Parkplatz an der Talstation der Gerlossteinbahn. **Mit Bahn und Bus:** Stündl. von Jenbach mit der Bahn bis Zell am Ziller. Von dort alle 2 Std. mit dem Postbus Linie 4100 nach Hainzenberg, Haltestelle Gerlossteinbahn.

Hinweise: Gerlossteinbahn: Anf. Juni bis Ende Sept., 8.30–17 Uhr (halbstündl.) oder ab 12 Personen sofort.

Die Gerlossteinwand ist bereits von Zell am Ziller aus in südöstlicher Richtung hervorragend zu sehen. Besonders kurz vor Sonnenuntergang hebt sich die majestätische Felswand, von den letzten Sonnenstrahlen hell beschienen, deutlich von der bereits im Schatten liegenden Umgebung ab.

In **Hainzenberg** befindet sich die **Talstation der Gerlossteinbahn.** Diese bringt uns rasch hinauf auf 1630 m Höhe. Dort breitet sich die Gerlossteinalm mit ihren grünen Wiesen vor uns aus, direkt darüber steigt die Gerlossteinwand fast senkrecht nach oben. Auf der höchsten Spitze ist gerade noch das Gipfelkreuz zu erkennen.

Der Weg dorthin ist in zwei Varianten möglich: Man kann von der Bahnstation aus gesehen entweder rechts oder links um den Berg herum gehen. Die linke Variante ist etwas flacher, dafür um einiges weiter, auf der rechten Seite ist man etwa eine halbe Stunde weniger unterwegs, und es geht an einigen Stellen ziemlich steil bergauf. Wir haben uns entschieden, den flacheren Weg für den

Aufstieg zu nehmen und auf der steileren Seite abzusteigen.

Wir wenden uns von der **Bergstation** weg nach links und gehen auf der befestigten Straße ein Stück in Richtung Sendemast. Nach kurzer Zeit zweigt rechts der Wanderweg ab (Wegweiser Gerlosstein). Es geht nun in Etappen mal etwas steiler, mal etwas flacher hinauf Richtung Heimjöchl. Etliche Bänke laden zum Ausruhen ein, und am Wegesrand findet man besonders im Herbst hervorragend schmeckende Blaubeeren.

Mit zunehmender Höhe bekommt man einen immer besseren Blick auf die steil abfallende Gerlossteinwand. Kurz vor dem Heimjöchl erreichen wir an einen kleinen Bach, an dem wir unseren Trinkvorrat noch einmal auffüllen können.

Beim **Heimjöchl** (1.30 Std.) zweigt links ein sehr schöner Wanderweg zum Brandenberger Kolm ab. Wir halten uns jedoch rechts und sehen bald die Felswand nicht mehr. Stattdessen bietet sich uns ein toller Blick über die Almen hinunter ins Zillertal. Der Weg steigt kaum mehr an und wenig später erreichen wir bereits das Gipfelkreuz der **Gerlossteinwand** (2 Std.). Direkt vor unse-

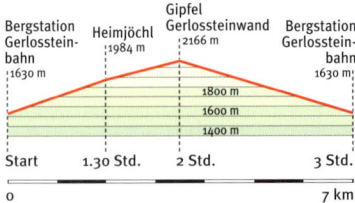

Die Gerlossteinwand macht ihrem Namen alle Ehre

ren Füßen fällt die Wand 200 m senkrecht in die Tiefe. Besonders bei schlechter Sicht ist daher Vorsicht geboten! Aber diese Tour sollte schon allein wegen des fantastischen Ausblicks von hier oben nur bei schönem Wetter gegangen werden. So genießen wir die Sicht auf die umliegende Bergwelt und über das Zillertal hinaus bis ins Inntal.

Für den Abstieg wählen wir die steilere und kürzere Route und erreichen nach ca. 3 Std. die **Bergstation der Gerlossteinbahn.** Hier empfiehlt sich eine Einkehr beim Berggasthof Gerlosstein, dessen Wirt, Koch und Bergsteiger – er hat die Wand schon etliche Male durchstiegen –, beim Kaiserschmarrn zur Höchstform aufläuft.

Tour 17

Täglich grüßt das Murmeltier

Von Schwarzach auf den Torhelm und über das Brandenberger Joch zurück

Das Murmeltier gehört zu jenen Wildtieren im Zillertal, die in den vergangenen Jahrhunderten nie vom Aussterben bedroht waren. Das wenig begangene Gelände am Wandfuß des Brandenberger Kolms zwischen Torhelm und Schwarzachtal ist für die verspielten Tiere ein wahres Eldorado.

DIE WANDERUNG IN KÜRZE

++
Anspruch

5.30 Std.
Gehzeit

1300 m
An-/Abstieg

Charakter: Abwechslungsreiche Tour auf Fahrwegen, markierten Steigen und im Gipfelbereich Pfadspuren. Zum Teil schlechte Markierung. Achtung: In manchen Wanderkarten ist die eingezeichnete Route in Gipfelnähe fehlerhaft!

Wanderkarten: Mayr Wander- und Tourenkarte 32, Gerlos – Zillertal, 1:35 000, oder Wanderkarte freytag & berndt Wk 152, Mayrhofen – Zillertaler Alpen – Gerlos – Krimml, 1:50 000.

Einkehrmöglichkeiten: Kühle Rast, Jausenstation Untere Schwarzachhütte.

Anfahrt: Mit dem Pkw: Inntalautobahn A12 bis Ausfahrt Zell am Ziller, dann auf der B165 Richtung Gerlos; an der Gastwirtschaft Kühle Rast rechts 200 m nach Schwarzach (Parkplatz). **Mit Bahn und Bus:** Stündl. mit der Bahn von Jenbach bis Zell am Ziller. Von dort alle 2 Std. mit dem Bus ins Gerlostal bis Haltestelle Kühle Rast.

Ausgangsort der Tour ist der Weiler **Schwarzach** unweit der ganzjährig bewirtschafteten Gaststätte Kühle Rast. Vom Parkplatz nahe des Hauses Seespitze wandern wir auf dem

Fahrweg ein Stück weit in den Schwarzachgrund, teilweise direkt am reißenden Gebirgsbach entlang. Am Weiler Schwarzach Bichl zweigt rechts ein weiterer Fahrweg ab (15

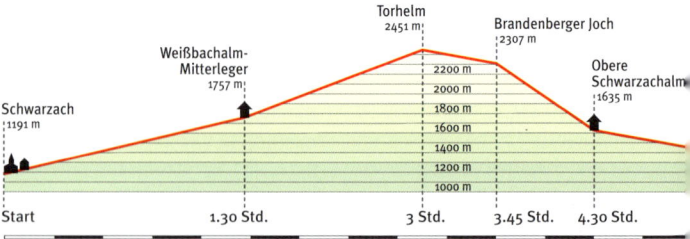

Torhelm 2451 m
Weißbachalm-Mitterleger 1757 m
Brandenberger Joch 2307 m
Obere Schwarzachalm 1635 m
Schwarzach 1191 m

2200 m
2000 m
1800 m
1600 m
1400 m
1200 m
1000 m

Start — 1.30 Std. — 3 Std. — 3.45 Std. — 4.30 Std.

0

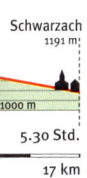

Min., Wegweiser Torhelm), der uns an schönen Holzhütten vorbei aus dem Talboden herausführt.

Da die Wiesenhänge anfangs weitgehend baumfrei sind, bieten sich uneingeschränkte Blicke auf das Gerlostal und das vis-à-vis liegende Kreuzjoch. Einige Haselnussbäume und Himbeersträucher säumen den Weg. Zarte Versuche der Wiederaufforstung sind ebenfalls unverkennbar.

Von reichlich Wald umgeben sind die Weißbachalmen (1 Std.) am Eingang des gleichnamigen Tals. Hier wandern wir zunächst nur leicht ansteigend auf dem Forstweg taleinwärts, begleitet vom Rauschen des weit unter uns fließenden Baches. Bald treten wir wieder aus dem Waldgürtel heraus und erreichen den **Weißbachalm-Mitterleger** (1.30 Std.) mit dem umliegenden Kuhweidegebiet. Der zunehmend mit Gras bewachsene Fahrweg leitet uns an

69

Blick auf die Untere Schwarzachalm

schönen Föhren vorbei und endet auf einer flachen Graskuppe. Ein idealer Rastplatz, allein die sich auftuenden Blicke gen Osten lohnen ein Innehalten: Zum einen ragt hoch über dem Wimmertal die markante Wechselspitze in den Himmel. Zum anderen erweckt der wild gezackte, bis oben begrünte und steil abfallende Grat über dem Schwarzachgrund Assoziationen an manche zerklüftete Berglandschaft im fernen Hawaii.

Der weitere Aufstieg setzt sich in entgegengesetzter Richtung fort. Üppige Wiesen und ein Meer von Alpenrosen überwuchern hier zum Teil die Pfadspuren, doch ein roter Pfeil sowie einzelne Markierungsstangen erleichtern die Orientierung. Wir wandern in ein kleines Bachtal, wo wir an eine Weggabelung gelangen (2 Std.). Hier halten wir uns rechts, überqueren den frischen Quellbach und steigen unterhalb des felsdurchsetzten Hangs aus dem kleinen Seitental heraus. An einem großen Felsen ist der Name Torhelm mit roter Farbe aufgepinselt.

Fortan finden wir uns auf jenem breiten Grasrücken wieder, der uns in kurzen Steilstufen nach oben führt. Wie zwei Kamelhöcker liegen uns Vor- und Hauptgipfel nun direkt zu Füßen. Der Steig verliert sich vorübergehend wieder in den zerfurchten Wiesenhängen, weshalb man vor allem bei schlechter Sicht verstärkt auf die roten Markierungen achten muss. Nach einer flacheren Passage erreichen wir schließlich über den steilen Schlusshang den mit einem Kreuz geschmückten Gipfel des **Torhelm** (3 Std.).

Der Ausblick nach Süden ist zwar durch den 2700 m hohen Brandenberger Kolm, der als breiter Felskoloss unmittelbar vor uns emporragt, getrübt, doch Löfflergruppe, Ahornspitze, Olperer-Gruppe, Tuxer Alpen und Gerlostal sind bestens auszumachen.

Wertet man die Kotmengen als Indikator für Populariät, steht dieser grasbewachsene Berg auch bei den Schafen hoch im Kurs. Nach Süden bricht der Gipfel indes jäh ab. Dies ist deshalb erwähnenswert, weil in manchen Wanderkarten eine markierte Abstiegsroute durch eben jene Südflanke eingezeichnet ist. Weit gefehlt!

Um den Tag als Rundtour ausklingen zu lassen, müssen wir zunächst den Gipfelhang auf der Aufstiegsroute hinabsteigen. Dann wandern wir in der flachen Wiesenpassage so lange am rechten Rand des breiten Rückens entlang, bis wir unter uns einen mit roten Punkten markierten Steig erkennen. Dieser führt uns in Gegenrichtung direkt auf die namenlose Scharte zwischen Torhelm und Seespitze hinab (3.15 Std.).

Durch ein steiles Schuttkar gelangen wir in weniger geneigtes, welliges Wiesenterrain. Hier halten wir uns links und folgen zunächst dem Wegweiser Richtung Brandenberger Kolmhaus, das wir bereits vom Gipfel erspäht hatten. An der rasch folgenden Weggabelung halten wir uns Richtung Schwarzachtal, und nach kurzem Gegenanstieg erreichen wir das **Brandenberger Joch** (3.45 Std.).

Nun beginnt der wohl landschaftlich reizvollste Teil der Tour. Unter uns liegt ein enges Seitental, das an seiner rechten Seite von der gewaltigen Nordwand des Brandenberger Kolms beherrscht wird. Die mit riesigen Felsplatten durchsetzte Steilwand nimmt abschnittsweise die Form eines überdimensionalen Waschbretts an. Unterhalb der Scharte sprudelt eine Quelle an die Oberfläche, und außer dem Gurgeln des Baches sind kaum Geräusche zu vernehmen.

Nur ab und an wird die fast unheimliche Stille durch einen schrillen Pfiff unterbrochen – dem Warnsignal der Murmeltiere. Die verspielten Tiere sind hier nicht sehr menschenscheu, was als Indiz dafür gelten mag, dass dieses Tal recht selten begangen wird. Selbst an einem sonnigen Augusttag trifft man über Stunden hinweg keine Menschenseele. Oder ist es die reichlich gedeckte Kräutertafel, die die possierlichen Nager aus ihren Verstecken lockt? Selbst vor Brennnesseln scheint ihr Appetit keinen Halt zu machen. Allerdings kann der Übermut den unbedarften Nachwuchs auch teuer zu stehen kommen, denn über dem Gipfel sieht man auch schon mal Falken kreisen, die durchaus imstande sind, Jungtiere zu überwältigen. Und nicht immer erfolgt der Warnpfiff des Wachpostens zur rechten Zeit.

Wer hier auf leisen Sohlen absteigt, immer wieder innehält, die Murmeltiere nicht aufschreckt, kann mit ihnen auf Tuchfühlung gehen. Erst im Bereich der **Oberen Schwarzachalm** (4.30 Std.) ist dem weit reichenden Revier eine Grenze gesetzt. Hier endet auch unser Steig, fortan laufen wir auf einem Fahrweg hinab. Dieser führt durch Wald unmittelbar zu der **Unteren Schwarzachalm** im gleichnamigen Talboden, in dem auffallend viele Kühe grasen.

Jenseits des Baches liegt etwas versteckt die **Jausenstation Untere Schwarzachhütte**, die wir am besten direkt auf der über den Bach führenden Brücke und den angrenzenden Wiesenpfad ansteuern (5 Std.). Schön ist der Blick in den hinteren Talboden. Und wer sich mit leckerem Apfelstrudel und frischer Kuhmilch stärken will, ist hier genau richtig.

Der Abstieg durch das sich zwischenzeitlich verengende Schwarzachtal über die Schwarzachbichlaste zurück nach **Schwarzach** ist in etwa 30 Min. gut zu schaffen (5.30 Std.).

Tour 18

Auf einsamen Wegen zum Gipfel

Von Gerlos durch das Schönachtal auf den Arbiskogel

Die Wanderung auf den Arbiskogel führt über herrlich einsame Wege, auf denen man fast keiner Menschenseele begegnet. Ein angenehmer Gegensatz zu manch anderen Touren, die besonders an schönen Wochenenden ziemlich überlaufen sind.

DIE WANDERUNG IN KÜRZE

++
Anspruch

4.30 Std.
Gehzeit

800 m
An-/Abstieg

Charakter: Mittelschwere Wanderung auf ausgebautem Forstweg bis Lackengrubenalm, danach auf gut befestigtem Steig über die Lackenscharte zum Gipfel.

Wanderkarten: Mayr Wander- und Tourenkarte 32, Gerlos – Zillertal, 1:35 000, oder Wanderkarte freytag & berndt Wk 152, Mayrhofen – Zillertaler Alpen – Gerlos – Krimml, 1:50 000.

Einkehrmöglichkeiten: Stinkmoosalm, Lackenalm (jew. Anf. Juni bis Anf. Okt.).

Anfahrt: Mit dem Pkw: Inntalautobahn A12 bis Aus-fahrt Zillertal, dann auf der B169 bis Zell am Ziller, danach links auf die B165 nach Gerlos. Beim Gasthof Oberwirt quert man auf der Brücke den Gerlosbach und fährt Richtung Schönachtal (Wegweiser Camping). Nach knapp 1 km befindet sich auf der linken Seite ein Parkplatz. **Mit Bahn und Bus:** Stündl. mit der Bahn von Jenbach bis Zell am Ziller. Von dort alle 2 Std. mit dem Postbus Linie 4100 nach Gerlos, Haltestelle Gerlos, GH Oberwirt.

Die Wanderung beginnt in **Gerlos.** Wer mit öffentlichen Verkehrsmitteln angereist ist, quert direkt bei der Haltestelle Gerlos, GH Oberwirt den Gerlosbach, wandert links in Richtung Schönachtal und erreicht nach etwa 10 Min. den Parkplatz. Von hier geht es auf der für den allgemeinen Verkehr gesperrten Forststraße an der Schönach entlang in Richtung

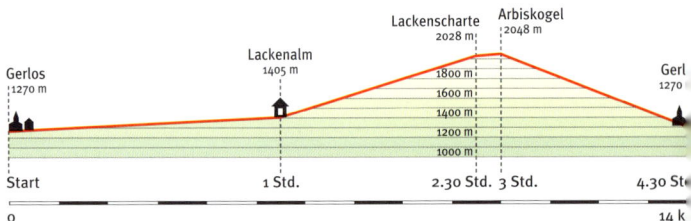

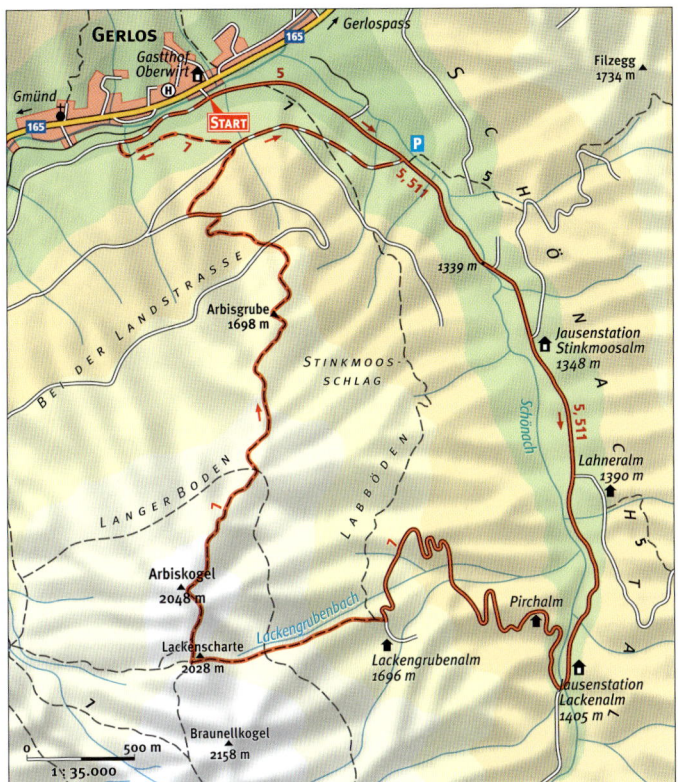

Lackenalm. Zur Orientierung dient der Wegweiser Weg Nr. 5.

Wir wandern gemütlich bergauf, anfangs durch Wald, später über Almwiesen. Zuerst erreichen wir die **Jausenstation Stinkmoosalm**, danach die **Lahneralm**. Ende September kann man hier den Almbauern beim Ausstaffieren ihrer Kühe mit Tannenreis und farbigen Bändern zusehen, die dann beim Almabtrieb bunt geschmückt ins Tal gebracht werden.

Wenig später haben wir die **Jausenstation Lackenalm** (1 Std.) erreicht und folgen nun dem Weg Nr. 7 hinauf zur Lackenscharte. Spätestens ab hier sind wir ziemlich alleine

unterwegs. Die ausgebaute Fahrstraße bringt uns rasch in Serpentinen an der Pirchalm vorbei bis hinauf in die Nähe der Lackengrubenalm. Hier beginnt dann ein markierter Steig (Wegweiser Lackenscharte), der sich bisweilen steil den Berg hinaufwindet. Der Anstieg wird uns versüßt durch unzählige Blaubeeren, die hier selbst im Herbst noch in Massen am Wegesrand zu finden sind – ein weiteres Indiz dafür, dass die Route nur von wenigen Wanderern begangen wird.

Als Orientierung bezüglich der weiteren Wegstrecke können wir die gegenüberliegende Bergseite des

Blaubeeren am Wegesrand

Schönachtals benutzen, die sich als Spiegelbild unserer Seite darstellt: Die Lackenscharte über uns ist in etwa genauso hoch wie die Lahnerhöhe über der Hochlahneralm auf der anderen Talseite und der Weg von dort führt auf den Schönbichl, der nur 1 m höher ist als der Arbiskogel.

Oben auf der **Lackenscharte** (2.30 Std.) angekommen, teilt sich der Weg in drei Richtungen. Links geht es in knapp einer Stunde auf die Kirchspitze und geradeaus in etwa einer halben Stunde hinunter zur Bergstation der Fürstalmbahn, die nach Gerlos fährt. Wir halten uns jedoch rechts und erreichen nur kurze Zeit später den Gipfel des **Arbiskogel** (3 Std.), wo wir die herrliche Aussicht und Ruhe genießen können.

Der Weg führt auf der gegenüberliegenden Seite hinunter nach Gerlos, zunächst etwas steil, später flacher. Ab der Waldgrenze geht es dann teilweise wieder ziemlich steil hinab – schließlich müssen wir ja 800 Höhenmeter überwinden.

Wenn wir beim Abstieg zum dritten Mal die Fahrstraße kreuzen bzw. erreichen, geht es rechts auf der Straße direkt zum Parkplatz im Schönachtal (4.30 Std.) zurück. Wer mit dem Bus gekommen ist, und direkt nach Gerlos möchte, geht geradeaus auf dem Steig weiter und erreicht kurze Zeit später die Ortsmitte von **Gerlos**.

Die Schaflschoade

Ein großes Spektakel in dieser Gegend des Zillertals ist die Schaflschoade. Jedes Jahr werden Anfang Juni etwa 300 Schafe durch das Schönachtal auf die Hochalm Popberg (2000 m) getrieben, wo sie den Sommer über weiden. Dreimal die Woche versorgt sie der Schäfer mit dem notwendigen Salz. Anfang September werden die Schafe wieder hinunter nach Gerlos getrieben und dort von den Bauern und zahlreichen Zaungästen erwartet. Dann beginnt die eigentliche Schaflschoade: Die Tiere werden auf die Koppeln der einzelnen Bauern verteilt, und der Schafscherer macht sich an die Arbeit. Gleichzeitig beginnt im Ort ein großes Fest mit Blasmusik und Festessen, das bis tief in die Nacht andauert.

Genaue Termine für die Schaflschoade und den Almabtrieb sind beim Tourismusverband in Gerlos zu erfahren.

Durch ein idyllisches Hochtal

Vom Isskogel durch das Krummbachtal

Das idyllische Hochtal mit seinen sattgrünen Weiden und tosenden Wasserfällen zählt zu den Höhepunkten im Zillertal. Es ist nach einem Anmarsch über den Gipfel des Isskogel zu erreichen.

DIE WANDERUNG IN KÜRZE

+
Anspruch

4 Std.
Gehzeit

500 m
Anstieg

1000 m
Abstieg

Charakter: Einfache Wanderung auf gut markierten und befestigten Steigen bis etwa 1 km hinter der Krummbachrast, dann weiter auf ausgebautem Forststweg entlang des Krummbachs.

Wanderkarten: Mayr Wander- und Tourenkarte 32, Gerlos – Zillertal, 1:35 000, oder Wanderkarte freytag & berndt Wk 152, Mayrhofen – Zillertaler Alpen – Gerlos – Krimml, 1:50 000.

Einkehrmöglichkeiten: Bergrestaurant Isskogel, (Mitte Juni bis Anf. Okt.), Krummbachrast (Pfingsten bis Ende Okt.).

Anfahrt: Mit dem Pkw: Inntalautobahn A12 bis Ausfahrt Zillertal, dann auf der B169 bis Zell am Ziller, danach links auf die B165 nach Gerlos. Parkplatz an der Talstation der Isskogelbahn. **Mit Bahn und Bus:** Stündl. mit der Bahn von Jenbach bis Zell am Ziller. Von dort alle 2 Std. mit dem Postbus nach Gerlos, Haltestelle Isskogelbahn.

Fahrzeiten: Isskogelbahn: Mitte Juni bis Anf. Okt. tägl. 9–12 Uhr und 13–17 Uhr, Tel. 0 52 84/52 11.

Das Krummbachtal zählt zu den schönsten Gegenden im Umkreis von Gerlos. Um das Tal zu erreichen, nehmen wir den Weg über den Gipfel des Isskogel, der relativ flach und gut begehbar ist. Zunächst aber fahren wir mit der **Isskogelbahn** hinauf zur **Bergstation**. Dort folgen wir dem ausgeschilderten Weg.

Wir befinden uns hier mitten in einem Skigebiet, entsprechend trostlos schaut es aus, da der Wintersport jedes Jahr unübersehbare Narben hinterlässt. Erst ein Stück weiter oben, wo der Skilift endet, umgibt uns eine natürliche Berglandschaft. Hier blühen im Frühsommer die Alpenrosen, und etwas später laden unzählige Blaubeeren zum Verzehr ein.

Wir erreichen bald den höchsten Punkt dieser Tour, den Gipfel des **Isskogel** (1.30 Std.). Von hier führt der weitere Weg auf der gegenüberliegenden Seite wieder hinunter. Nur kurze Zeit später kommen wir an eine Weggabelung. Wer genügend Zeit hat und über ausreichend Trittsi-

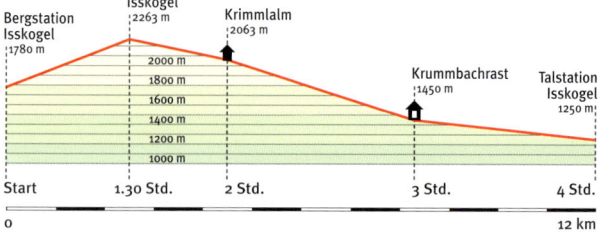

cherheit und Kondition verfügt, kann geradeaus weiter zum Kreuzjoch aufsteigen und von dort auf dem Weg Nr. 1 hinunter in die Wilde Krimml und am herrlich gelegenen Langensee vorbei zur Krimmlalm (Wegdauer zusätzlich ca. 2 Std.) absteigen. Wir halten uns jedoch rechts (Weg Nr. 2) und sehen kurze Zeit später bereits die idyllisch gelegene **Krimmlalm** unter uns liegen. Wir erreichen sie nach insgesamt

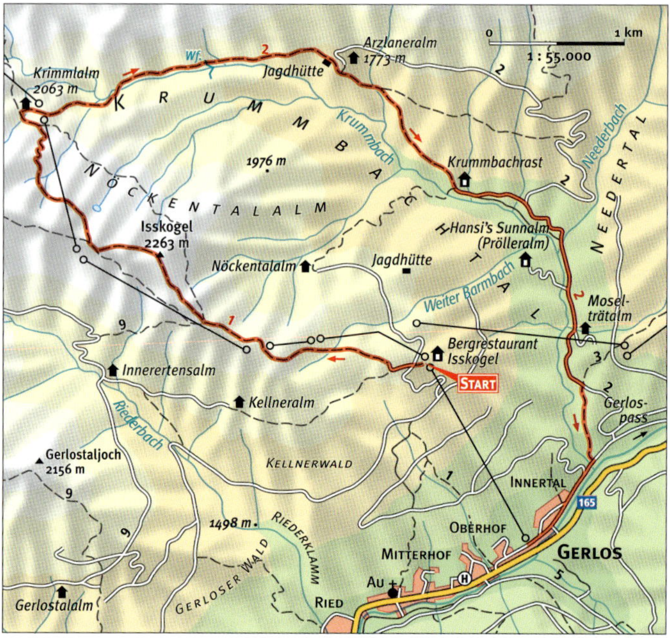

2 Std. In der schönen Umgebung bietet sich eine Rast an – die Alm ist jedoch nicht bewirtschaftet.

Von der Alm ist es nun nicht mehr weit ins Krummbachtal, dem schönsten Hochtal in der Region. Wir wandern um riesige Felsen herum immer am Bachbett des Krummbachs entlang, teils geht es flach dahin, teils ziemlich steil hinunter. Schließlich passieren wir die **Jagdhütte** (2.30 Std.), wo der Steig rechts hinunter

Im Krummbachtal

zur **Krummbachrast** (3 Std.) führt. Hier können wir Einkehr halten und uns mit frischer Milch und selbst gemachtem Bergkäse stärken.

Der weitere Weg verläuft zunächst noch eine Weile am Krummbach entlang und geht später auf dem Forstweg hinunter ins Gerlostal, wo wir nach einer schönen und abwechslungsreichen Wanderung wieder an der **Talstation der Isskogelbahn** (4 Std.) in Gerlos ankommen.

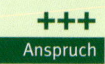

Pioniergeist am Wildkarkees

Von der Finkaualm über den Wildkarsee zur Wildkarspitze

Das markante Felsdreieck der Wildkarspitze zieht den Betrachter in seinen Bann, doch nur wenige wagen sich an die Besteigung. Dabei stellt der höchste Gipfel des Gerloskammes den geübten Bergsteiger bei günstigen Bedingungen vor keine allzu großen Probleme.

DIE WANDERUNG IN KÜRZE

+++
Anspruch

8.30 Std.
Gehzeit

1650 m
An-/Abstieg

Charakter: Anspruchsvolle Tour, die ein hohes Maß an Bergerfahrung, Orientierungsvermögen, Trittsicherheit und Kondition voraussetzt. Bis zum Wildkarsee guter Steig, dann querfeldein über Firn und Blockgestein zum Gipfel. Nur bei warmer und stabiler Schönwetterlage gehen, früher Aufbruch unabdingbar.

Ausrüstung: Bei Vereisung Steigeisen nötig.

Wanderkarten: Mayr Wander- und Tourenkarte 32, Gerlos – Zillertal, 1:35 000, oder Wanderkarte freytag & berndt Wk 152, Mayr-

hofen – Zillertaler Alpen – Gerlos – Krimml, 1:50 000.

Einkehrmöglichkeiten: Alpengasthof Finkau (sehr gutes Essen, vor allem Wild), Trisslalm.

Anfahrt: Mit dem Pkw: Inntalautobahn A12 bis Ausfahrt Jenbach, weiter auf der B169 bis Zell am Ziller und von dort auf der B165 über Gerlos zum Speicher Durlassboden; direkt vor der Mautstelle links in Richtung Finkauboden bis zum Alpengasthof Finkau (Parkplatz). **Keine Bahn- oder Busverbindung.**

Vom Parkplatz am **Alpengasthof Finkau** wandern wir erst auf dem Fahrweg, dann auf dem Leitenkammersteig durch schönen Mischwald in das Wildgerlostal (Richtung Zittauer Hütte). An der **Trisslalm** (30 Min.) folgen wir links dem Wegweiser Wildkarsee/Seekarscharte. Den Wildbach, der in Almnähe aus dem Wald hervorsprudelt, werden wir am Wildkarkees unterhalb der Wildkarspitze wieder treffen. Steil führt der zum Teil durch Holzstämme gestützte und in Stufen angelegte Steig aus dem Tal-

boden heraus, rasch gewinnt man an Höhe. Kräuter und Wildfrüchte sprießen im dichten Unterholz. Zwischen den Baumkronen hindurch erblicken wir tief unter uns die Finkaualm. Oberhalb des Steilhangs lehnt sich das Gelände dann deutlich zurück, der Wald lichtet sich.

An den stattlichen Föhren ist das Baumsterben scheinbar spurlos vorübergegangen. Kein Wunder, dass sich in diesen Regionen auch der Rothirsch wohl fühlt. In den Herbstmonaten, wenn der Wettstreit um Revier

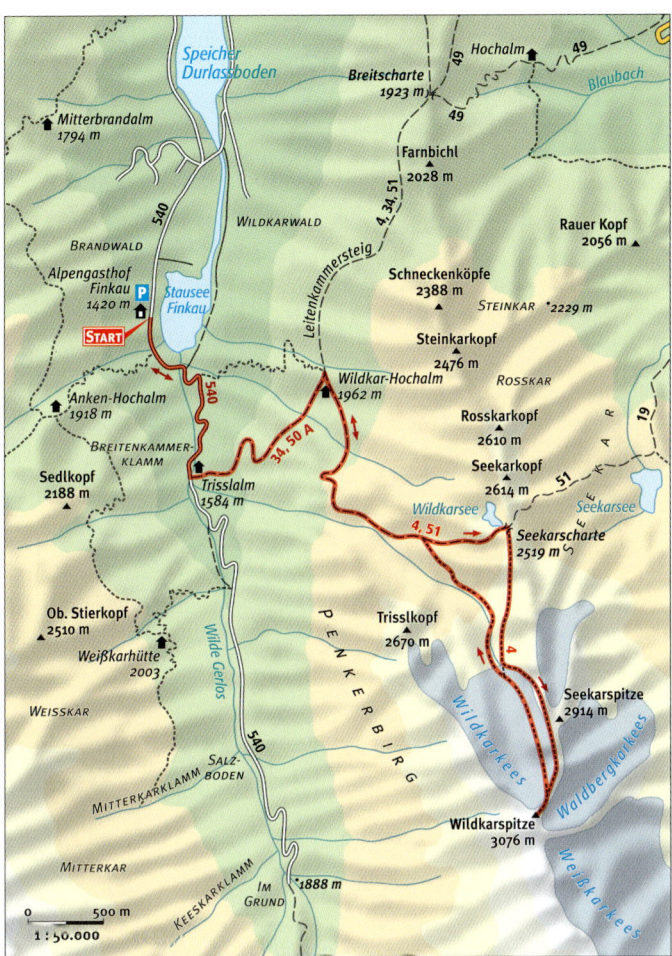

und Braut seinen Höhepunkt erreicht hat, ist dessen brunftbedingtes Röhren kilometerweit zu hören. In seltenen Fällen bezahlt der Verlierer eines Zweikampfes seinen Einsatz sogar mit dem Tod.

Nach einer flacheren Passage mit formidabler Aussicht auf den Speicher Durlassboden treffen wir an einem Bach auf eine Weggabelung. Hier wandern wir rechts an Heidel-beersträuchern vorbei auf die **Wildkar-Hochalm** zu (1.30 Std.), einer urigen Holzhütte mit angrenzender Viehunterkunft. Kühe und Schafe finden auf den umliegenden saftigen Almwiesen reichlich Futter, während der Wanderer den herrlichen Blick auf die eindrucksvoll vergletscherte Reichenspitze im Süden genießt. Weiter links lugt hinter dem Bergrücken die Wildkarspitze so eben noch hervor.

Unsere Richtung ist vorgegeben: Jenseits der Alm strebt der Steig den mäßig geneigten Wiesenhängen zu. Ein Holzschild markiert den Beginn der Kernzone des Nationalparks Hohe Tauern. Einige einzeln stehende Kiefern sind die letzten Bäume, die dem rauen Klima in dieser Höhe trotzen. Nach einer Querung stoßen wir in einer kleinen Talsohle auf jenen Bach, dem wir bereits an der Trisslalm begegnet sind (2 Std.). Der Wildkarkees, aus dem der Bach entspringt, ist jedoch noch nicht in Sicht. Dafür türmen sich vor uns, typisch für Zillertaler Gletscherregionen, gewaltige blockreiche Schuttmassen.

In dieses Blockwerk führt der weiterhin gut markierte Steig hinauf, das Bachbett wird rechts liegen gelassen. Nach einer Steilstufe gibt sich rechts unser Tagesziel, die Wildkarspitze, immer eindrucksvoller zu erkennen. Stolz thront der dreieckige Felsgipfel über dem in der Morgensonne glänzenden Firn.

Landschaftlich nicht minder reizvoll ist der wunderschön gelegene klare **Wildkarsee** (2.45 Std.), der linker Hand fast aus dem Nichts auftaucht. Er liegt unmittelbar unter der nahen Seekarscharte, über die man nach Krimml absteigen kann. Für uns jedoch hat das Wandern auf markiertem Steig erst einmal ein Ende.

Denn direkt am See müssen wir uns rechts querfeldein durch das gerölldurchsetzte, jedoch nicht sehr steile Gelände schlagen, immer auf unseren Gipfel zu. Hin und wieder markieren kleine Steinmandl den Routenverlauf, die aus der Ferne jedoch kaum erkennbar sind.

Im moosbewachsenen Flachstück in Seenähe ist das Fortkommen zunächst noch einfach. Dann steigt man über Geröll und Felsplatten geradewegs auf die schattige Wand der Seekarspitze zu. Unterhalb der Wand trifft man selbst im Hochsommer oft noch auf einzelne Altschneefelder, die, wenn sie zu hart sind, etwas mühsam umgangen werden müssen. Wir queren so lange, bis rechts unter uns der **Wildkarkees** auftaucht. Nach kurzem Abstieg betreten wir seinen Firn (4 Std.).

Meist markieren Fußspuren den weiteren Routenverlauf, doch nicht immer ist die vorgegebene Spur auch die sinnvollste. Wichtig ist, den Gletscher am linken Rand zunehmend steil emporzusteigen, direkt auf die Gratschneide zu. An welcher Stelle man den Firn verlässt, hängt von der Schneebeschaffenheit ab. Am besten wählt man das kürzeste Verbindungsstück zwischen Schnee und Grat, denn der Fels ist in diesem Bereich recht brüchig (Vorsicht vor

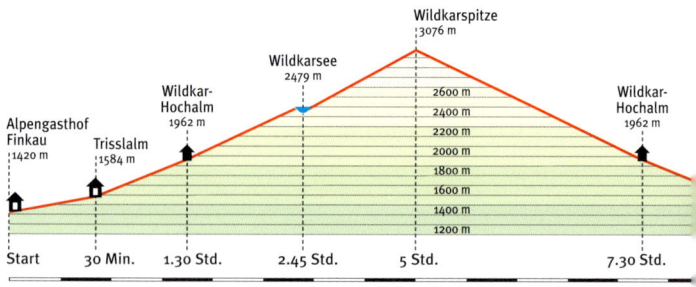

Wildkarspitze
3076 m

Wildkarsee
2479 m

Wildkar-
Hochalm
1962 m

2600 m
2400 m
2200 m
2000 m
1800 m
1600 m
1400 m
1200 m

Wildkar-
Hochalm
1962 m

Alpengasthof
Finkau
1420 m

Trisslalm
1584 m

Start   30 Min.   1.30 Std.   2.45 Std.   5 Std.   7.30 Std.

0

Aufstieg zur Wildkarspitze

Steinschlag). Wenige Minuten später ist der aussichtsreiche **Nordostgrat** der Wildkarspitze erreicht (4.30 Std.).

Der Blick in die Hohen Tauern ist von hier überwältigend. Besonders schön zeigt sich der Großvenediger, und etwas weiter im Osten ist der Großglockner zu erkennen. Der zackige Gipfelgrat baut sich eindrucksvoll vor uns auf. In einfacher Kletterei tasten wir uns nun, den Felsnasen und -türmen ausweichend, über griffiges Blockwerk an das sichtbare Gipfelkreuz heran. Der Gipfelaufbau ist steil, wir weichen zuletzt in die Nordwand unterhalb des Grates aus und erklimmen den kreuzgeschmückten Gipfel der **Wild-**karspitze (5 Std.). Belohnt werden die Mühen mit einem fantastischen Blick auf die Reichenspitze-Gruppe.

Der Abstieg erfolgt zunächst auf der Aufstiegsroute. Wir klettern auf dem Grat und zuletzt durch die kurze Steilstufe zum Gletscherrand hinab (5.30 Std.). Hier halten wir uns in der Nähe der Aufstiegsspuren und verlieren, auf den Schuhsohlen abfahrend, rasch an Höhe. Statt wie im Aufstieg zum Wildkarsee hinüber zu queren, rutschen wir aber dann weiter stets am rechten Firnrand – solange es die Verhältnisse erlauben – zu Tal. Im Bereich der Gletscherzunge müssen wir uns jedoch vor etwaiger Vereisung und einsturzbedrohten Schneebrücken hüten, unter denen der Gletscherbach gurgelt.

Wir folgen dem Bach zunächst durch ein kleines Plateau in Sichtweite zweier kleiner Bergseen und steigen dann über einfach herabzukletternde Felsstufen in den Talgrund ab. Hier treffen wir wieder auf die Aufstiegsroute (6.45 Std.). Über die **Wildkar-Hochalm** (7.30 Std.) und die **Trisslalm** (8.15 Std.) gelangen wir schließlich wieder zum **Alpengasthof Finkau** (8.30 Std.).

pengasthof
Finkau
1420 m
slalm
4 m

8.30 Std.

16 km

Wasser im Überfluss

Durch das Wildgerlostal auf den Rosskopf

Die Reichenspitze gehört zu den eindrucksvollsten Berggestalten der Zillertaler Alpen. Erhaben wacht sie über dem romantischen Wildgerlostal, in dem das Wasser nur so sprudelt.

DIE WANDERUNG IN KÜRZE

++ Anspruch	**Charakter:** Bis zur Materialseilbahn der Zittauer Hütte überwiegend bequem begehbarer Fahrweg, danach gut befestigter Steig bis zum Rosskopf.
7 Std. Gehzeit	**Wanderkarten:** Mayr Wander- und Tourenkarte 32, Gerlos – Zillertal, 1:35 000, oder Wanderkarte freytag & berndt Wk 152, Mayrhofen – Zillertaler Alpen – Gerlos – Krimml, 1:50 000.
1450 m An-/Abstieg	**Einkehrmöglichkeiten:** Alpengasthof Finkau,

Trisslalm, Zittauer Hütte.

Anfahrt: Mit dem Pkw: Inntalautobahn A12 bis Ausfahrt Jenbach, weiter auf der B169 bis Zell am Ziller und von dort auf der B165 über Gerlos zum Speicher Durlassboden; direkt vor der Mautstelle links in Richtung Finkauboden bis zum Alpengasthof Finkau (Parkplatz). **Keine Bus- oder Bahnverbindung.**

Die Tour beginnt am Parkplatz des **Alpengasthofes Finkau,** der auf saftig-grünen Almmatten am gleichnamigen Stausee liegt. Wenn Kinder dabei sind, wird man hier unter Umständen schwer aus den Startlöchern kommen. Denn die Alm beherbergt einen Kinderspielplatz und einen kleinen Streichelzoo mit frei herumlaufende Schweinen, Enten, Hühnern, Hasen und Meerschweinchen.

Doch auch das Wildgerlostal übt seinen Reiz aus. Man verlässt die Hütte auf breitem Fahrweg in Richtung Zittauer Hütte. Am Ende des flachen Talbodens folgen wir dem rechts abzweigenden Steig den Wald hinauf zur Leitenkammerklamm (15 Min.). Ein extra angelegter Steg führt

uns in die enge Schlucht, wo der Wasserfall geräuschvoll in die Tiefe stürzt. In Anbetracht der enormen Wasserkraft ist leicht nachvollziehbar, dass die Einheimischen Ende der 1960er Jahre die Idee realisierten, diese in Energie umzusetzen. Im Speicher Durlassboden werden 50 Mio. m^3 Wasser gestaut. Durch einen 2,7 km langen unterirdischen Stollen gelangt das Wasser zum Kraftwerk Funsingau, wo es in Strom umgewandelt wird. Auf diese Weise werden pro Jahr über 25 Mio. Kilowattstunden gewonnen.

Etwas oberhalb der Klamm führt der Steig wieder zurück zur Fahrstraße, der Wald lichtet sich und die **Trisslalm** taucht auf. In den Som-

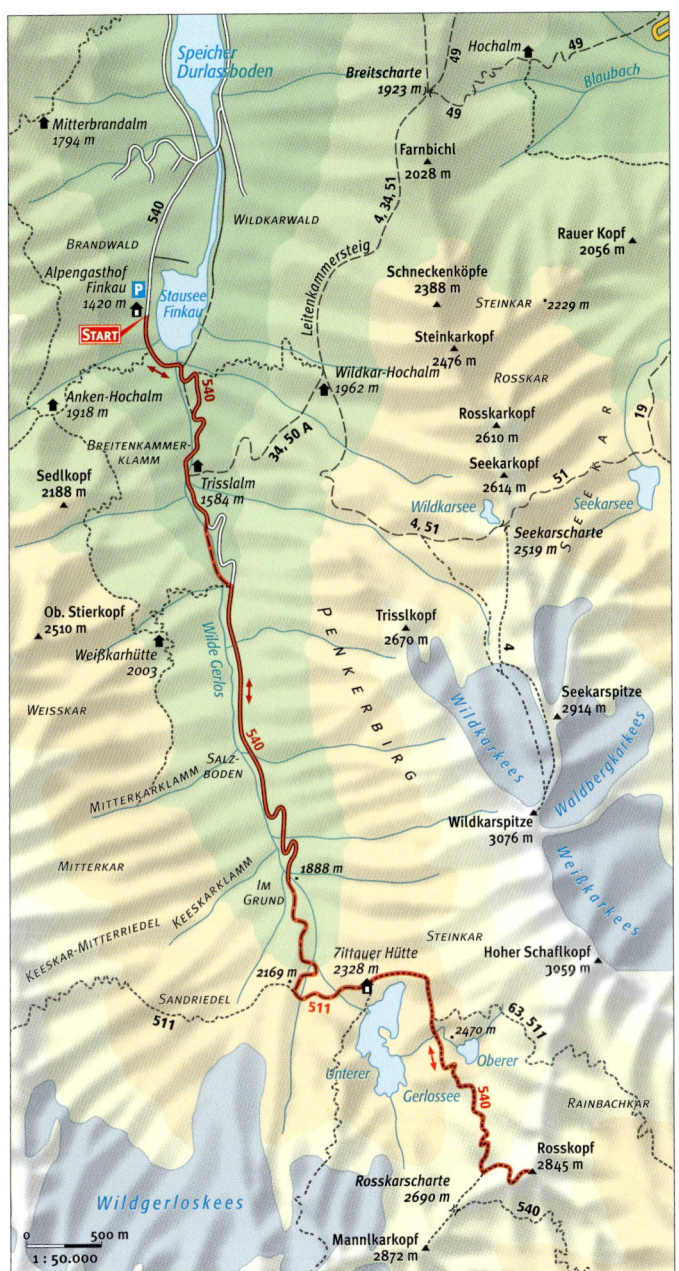

Gallowayrinder

mermonaten kann man sich in der kleinen Jause mit frischer Milch oder Holundersaft erfrischen. Hier am Waldrand ist die Alm vor Lawinen und Murenabgängen relativ sicher, und frisches Quellwasser für Mensch und Tier sprudelt von den Hängen der steil aufragenden Berge im Überfluss hinab.

Wasser wird in der Folge unser ständiger Begleiter sein. Oberhalb der Alm verlässt man den Fahrweg vorübergehend wieder und nimmt auf dem moderat an Höhe gewinnenden Steig Tuchfühlung zur laut tosenden **Wilden Gerlos** auf. Immer wieder bilden sich zwischen den ein-

zelnen Strudeln kleine Gumpen, in denen man an heißen Tagen seine Füße kühlen kann.

Auf den Fahrweg zurückgekehrt, verengt sich das Wildgerlostal. Man genießt, stets parallel zur nicht mehr ganz so wilden Gerlos wandernd, prächtige Blicke auf die formschöne Reichenspitze (3306 m) und den spitz zulaufenden Gabler im Talhintergrund. Mit jedem Schritt kommen wir näher an die majestätischen Gipfel heran, mit etwas Glück können wir die eine oder andere Gletscher-Seilschaft erkennen: Die Tour erfordert Erfahrung und Orientierungsvermögen, in der steinschlaggefähr-

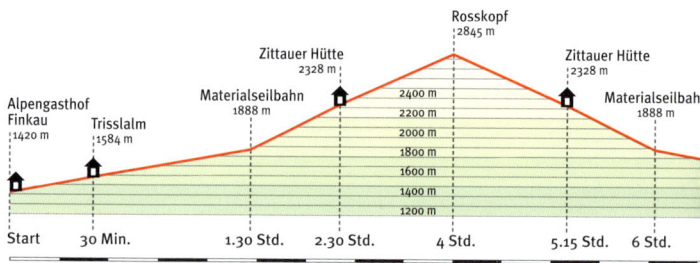

deten Gipfelwand warten immerhin Kletterpassagen im zweiten Schwierigkeitsgrad.

An der **Materialseilbahn** (1.30 Std.) endet der Fahrweg. Hier können sich Erschöpfte bei Bedarf ihr Gepäck nach oben befördern lassen. Vor uns baut sich eine imposante Steilwand auf, die in Kehren auf einem steilen Steintreppenanstieg angegangen wird; ein blaues Seilgeländer gibt den nicht Schwindelfreien Halt. Die Blicke richten sich beim Emporsteigen stets auf den imposanten Wasserfall im oberen Teil der Wand, der nach dem Aufprall auf den glatt geschliffenen Felsen wie auf einer Rutsche zu Tale gleitet.

Schließlich quert man aus der Wand heraus und gelangt auf die Seitenmoräne des Wildgerloskees. Sie ist an einer Seite mit Gras bewachsen – Alpenrosen, Eisenhut, gelber und blauer Enzian breiten sich nach Belieben aus –; die andere ist, seitdem das Eis geschmolzen ist, mit Geröll bedeckt. Im Zuge der globalen Erwärmung gehen die Gletscher der Ostalpen von Jahr zu Jahr zurück. Immerhin hat man von hier einen besonders eindrucksvollen Blick hinüber zum noch vorhandenen Gletschereis.

Der aussichtsreiche Steig wendet sich nun nach links und verläuft oberhalb der Steilwand an einem riesigen Steinmandl vorbei zur bald

sichtbaren **Zittauer Hütte** (2.30 Std.). Nahe der Hütte breitet sich der wunderschön gelegene **Untere Wildgerlossee** aus, der für einen Hochgebirgssee bemerkenswerte Ausmaße hat. Sein kleiner Bruder, der **Obere Wildgerlossee**, liegt über 100 m höher und ist erst im Verlauf des Gipfelanstiegs zu erkennen.

Der Anstieg beginnt vor der Hütte auf dem Steig in Richtung Rosskarscharte. Nach der ersten Steilstufe liegt einem der Untere Wildgerlossee idyllisch zu Füßen. Manchmal verliert sich der Steig im ewigen Geröll, doch dank der zahlreichen spitz zulaufenden, an Obeliske erinnernden Markierungsfelsen ist die Orientierung einfach. Knapp unter der Jochhöhe der Rosskarscharte zweigt links ein Steig ab, der erst ein Stück durch die Nordwestflanke, dann über den breiten Rücken zum Gipfel des **Rosskopf** hinauf führt (4 Std.).

Von hier genießt man einen herrlichen Rundblick auf die Venedigergruppe, den Hochgall, die Zillertaler Alpen sowie die Nördlichen Kalkalpen. Der Gipfel ist wenig begangen, so dass die Chancen nicht schlecht stehen, den einen oder anderen Raubvogel zu erspähen. Unser Gipfel liegt bereits am Rand des Nationalparks Hohe Tauern, und dort mieten sich im Sommer Gänsegeier, Steinadler, Mäusebussard, Habicht und Turmfalke ein. Der bis zu 8 kg schwere Gänsegeier nimmt dabei die Funktion der Gesundheitspolizei ein, da er die verwesenden Kadaver der auf natürliche Weise verendeten Schafe oder Gämsen beseitigt und das Trinkwasser somit vor Verunreinigung schützt.

Der Abstieg verläuft auf der Aufstiegsroute über die Zittauer Hütte (5.15 Std.) und die Talstation der Materialseilbahn (6 Std.) zurück zum **Alpengasthof Finkau** (7 Std.).

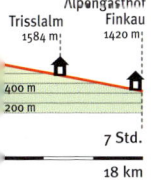

Trisslalm 1584 m
Alpengasthof Finkau 1420 m
400 m
200 m
7 Std.
18 km

Almhütten und Aussichtsbänke

Höhenrundweg mit Panorama am Penken

Der Penken ist ein breiter Gebirgsrücken, der sich zwischen dem Almgebiet des Horbergtales und dem im unteren Tuxer Tal gelegenen Finkenberg erstreckt. Etwas abseits vom Rummel kann man sich so lange an den bunten Blumenwiesen erfreuen, bis einen der Durst in die nächste Einkehr treibt.

DIE WANDERUNG IN KÜRZE

+
Anspruch

5 Std.
Gehzeit

300 m
Anstieg

1450 m
Abstieg

Charakter: Genusswandern vorwiegend auf breiten Güterwegen mit herrlichen Panoramablicken. Ab Penkenhaus einfacher Anstieg zum Penkenjoch, Abstieg nach Mayrhofen durch steiles Waldgebiet.

Markierung: Weg-Nr. 22, 22a und 23.

Wanderkarten: Mayr Wander- und Tourenkarte 32, Gerlos – Zillertal, 1:25 000, oder Wanderkarte freytag & berndt Wk 152, Mayrhofen – Zillertaler Alpen – Gerlos – Krimml, 1:50 000.

Einkehrmöglichkeiten: Bergstation Penkenbahn: Alpengasthaus Bergrast und Restaurant Gschöß-alm; Penkenhaus; Bergstation Finkenberger Almbahn: Penkentenne, Berggasthof Penkenjoch im Penkenjochhaus und Vronis Schialm; Penkenalm; Gasthof Astegg.

Anfahrt: Mit dem Pkw: Inntalautobahn A12 bis Ausfahrt Jenbach, weiter auf der B169 bis Mayrhofen. Parkplatz an der Talstation der Penkenbahn. **Mit der Bahn:** Stündl. von Jenbach nach Mayrhofen. Vom Bahnhof mit dem Bus oder zu Fuß (15 Min.) bis zur Talstation der Penkenbahn. **Mit dem Bus:** Ab Bahnhof Jenbach ca. alle 2 Std., z. T. direkt bis zur Talstation.

Fahrzeiten: Seilbahn Penken: Mitte Mai bis Mitte Okt. 9–17 Uhr, bei Schlechtwetter nur stündl. Wer sich für technische Details interessiert, kann sich mit gültiger Fahrkarte durch die Betriebsanlagen der Talstation führen lassen (11.6.–24.9 jeden Mi um 10 Uhr oder nach Voranmeldung, Tel. 0 52 85/6 22 77).

Die erst im Jahre 1995 in **Mayrhofen** in Betrieb genommene **Penkenbahn** zählt zu den modernsten Seilbahnen der Zillertaler Alpen. Die Kabinen bieten jeweils für 15 Personen Platz und können etwa 2000 Passagiere pro Stunde auf den Gipfel befördern.

Das Penkenhaus

Für die Tour ist die Fahrt mit der Penkenbahn hinauf zur Bergstation eine große Erleichterung, andernfalls müssten wir von Mayrhofen bis zum Ausgangspunkt zusätzlich 1100 Höhenmeter Steigung durch steiles Waldgebiet in Kauf nehmen. Im Abstieg ist diese Strecke leichter zu bewältigen.

An der **Bergstation** angekommen, genießen wir zunächst den famosen Ausblick auf den Zillertaler Hauptkamm. Hinter dem **Gschößwandhaus** nehmen wir nicht den breiten Güterweg (Nr. 22), sondern folgen etwas unterhalb dem Wegweiser Zirbenweg zum Penkenhaus. Diese Variante hat den Vorzug, dass sie noch enger mit den Naturschönheiten auf Tuchfühlung geht. Der schmale Steig führt wechselweise über saftige Wiesen und durch lichten Zirbenwald, leitet uns aber schließlich wieder auf den breiten Weg zurück.

Vor uns breiten sich an den freien Hängen bunte Blumenwiesen aus, je nach Jahreszeit blühen u. a. weiße Frühjahrsküchenschellen, Alpenanemonen und blauer Enzian. Die an den Almhütten grasenden Kühe können sich hier nach Belieben satt fressen. Wir nähern uns leicht ansteigend allmählich der Waldgrenze. Wer im **Penkenhaus** einkehren will (45 Min.), ignoriert zunächst die Abzweigung nach rechts in Richtung Penkenjoch. Das Penkenhaus lockt mit frischer Buttermilch, außerdem liegt es abgelegener und somit ruhiger als die Hütten im Gipfelbereich.

Anschließend steigen wir die paar Meter zur Weggabelung zurück und

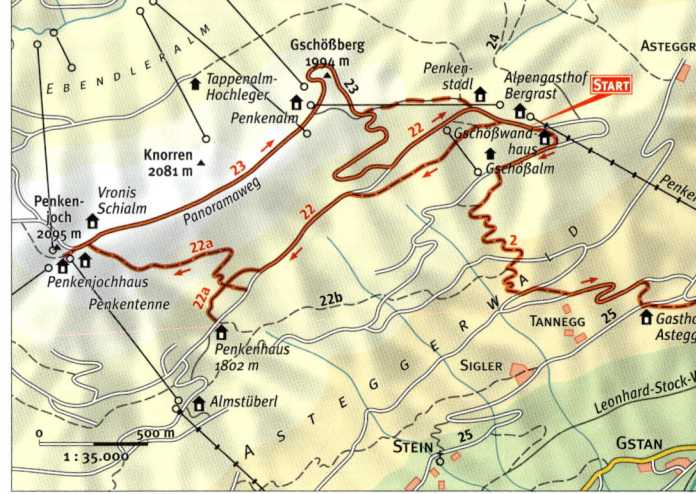

nehmen den einzigen längeren Anstieg in Angriff. Der gepflegte Steig ist großzügig in Serpentinen angelegt und quert die Wiesenhänge mehrmals. Auf einer Anhöhe trifft er auf die Startrampe der flugbegeisterten Gleitschirm- und Drachenflieger.

Wir beschränken uns auf die unterhaltsame Rolle des Zuschauers und steigen die fehlenden Meter bis zum **Penkenjoch** auf (1.30 Std.). Das Penkenjoch ist die Bergstation der Finkenberger Almbahn, gleich drei verschiedene Einkehrmöglichkeiten stehen uns hier zur Verfügung. Zwischen Vronis Schialm, die als erste

Almhütte Zillertaler Höhengolf anbietet, und der Skischule beginnt in Richtung Norden der genussreiche Höhenweg mit zahlreichen Aussichtsbänken. Das Panorama reicht vom Gerlosgebiet, der Ahornspitze, dem Gletschergebiet um Hintertux und den Tuxer Alpen bis hin zum Vorderen Zillertal und dem Karwendelgebirge im Norden. Wer will, kann statt auf dem breiten Weg auch auf schmalen Nebenpfaden wandern.

An einzelnen Kiefernbaumgruppen vorbei gelangen wir abwärts zur **Penkenalm**, hinter der sich ein weiterer Gleitschirmstartplatz befindet.

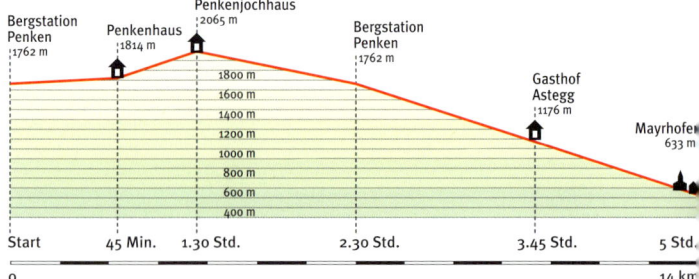

Abheben, entspannen ...

An schönen Tagen ist der Himmel voller bunter Schirme, die Thermik ist hoch über dem Talkessel von Mayrhofen, Finkenberg und Hippach besonders günstig. Diese drei Gemeinden versuchten im Juni 1997 mit Erfolg, den bisherigen Weltrekord von 191 gleichzeitig in der Luft schwebenden Schirmen zu brechen. Mit 211 Schirmen war ihnen ein Eintrag in das Guinnessbuch der Rekorde sicher. Das Zillertal ist somit seinem Ruf, zu einem der besten Fluggebiete der Welt zu zählen, eindrucksvoll gerecht geworden. »Abheben, entspannen, die Freiheit erleben – der Traum vom Fliegen wird Wirklichkeit«. Unter diesem Motto versucht die Flugschule ›Tandem Fun Flights‹ in Mayrhofen, noch mehr Menschen zum Fliegen zu ködern.

Dann steigen wir unter dem Sessellift in einigen Kehren zurück zur Penkenbahn ab (2.30 Std.).

Hier folgen wir der Fahrstraße in Richtung Tal, bis der Wanderweg Nr. 2 links abzweigt. Bald tauchen wir in üppigen Tannen- und Fichtenwald ein und wandern zunehmend steil bergab. Nach 400 Höhenmetern Abstieg nimmt uns die Fahrstraße wieder auf und führt uns geradewegs in das Astegger Tal zum **Gasthof Astegg** (3.45 Std.). Jenseits der Seilbahn kommen die bemerkenswerten Felsabstürze der so genannten Sauwand zum Vorschein.

Weiter folgen wir dem bezeichneten Mariensteig wiederum durch stattlichen Wald steil hinab nach Mayrhofen. Im Tal angekommen, überqueren wir den reißenden Zemmbach auf der Kohlstattbrücke nahe der Seilbahn. Dann gehen wir durch die Unterführung und über die Bundesstraße in die Rauchenwaldgasse, biegen links in die Tuxer Straße, überqueren den Ziller und erreichen die **Talstation** der Penkenbahn (5 Std.).

Gleitschirmflieger am Penken

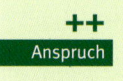

Schöne Blicke in das Tuxer Tal

Vom Penken auf die Wanglspitze

Die im Sommer verwaisten Skilifte und -pisten am Penken wirken auf den Einsamkeit suchenden Bergwanderer zunächst etwas irritierend. Doch schon am Fuß der Wanglspitze ist von großem Rummel nichts mehr zu spüren, und gemeinsam mit den Murmeltieren genießt man die herrlichen Blicke in das Tuxer Tal.

DIE WANDERUNG IN KÜRZE

++
Anspruch

4 Std.
Gehzeit

500 m
An-/Abstieg

Charakter: Zwischen Penkenjoch und Wanglalm auf Güterweg stets an der Gratschneide entlang. Dann teils steiler Anstieg auf Bergpfad zur Wanglspitze, im Abstieg gute Orientierung von Vorteil.

Wanderkarten: Mayr Wander- und Tourenkarte 32, Gerlos – Zillertal, 1:35 000, oder Wanderkarte freytag & berndt Wk 152, Mayrhofen – Zillertaler Alpen – Gerlos – Krimml, 1:50 000.

Einkehrmöglichkeiten: Lediglich im Bereich des Penkenjochs: Berggasthof Penkenjoch im Penkenjochhaus, Penkentenne, Vronis Schialm.

Anfahrt: Mit dem Pkw: Inntalautobahn A12 bis Ausfahrt Jenbach, weiter auf der B169 bis Mayrhofen und in das Tuxer Tal bis zur Talstation Finkenberger Almbahn (Parkplatz). **Mit Bahn und Bus:** Stündl. mit der Bahn von Jenbach bis Mayrhofen, weiter mit dem Bus Linie 4104 (stündl.) bis Haltestelle Finkenberger Almbahn.

Fahrzeiten: Finkenberger Almbahn: Mitte Juni bis Mitte Okt. einschl. der beiden Wochenenden zuvor; bei schlechter Witterung wird der Betrieb jedoch eingestellt.

Mit dem Doppelsessellift der **Finkenberger Almbahn** schweben wir in zwei Stufen über 1200 m in die Höhe. Linker Hand schraubt sich der Felsturm der Grinbergspitze in den Himmel, und blickt man zurück in Tal, lässt sich

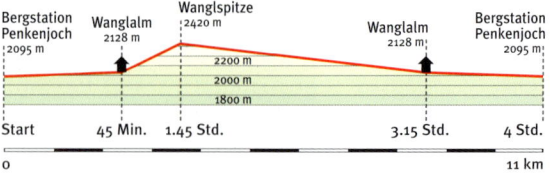

Blumenwiese am Penkenjochhaus

erahnen, wie tief der Tuxerbach unterhalb von Finkenberg in die Schlucht eingegraben ist. An der **Bergstation Penkenjoch,** wo unsere Tour beginnt, gibt es mehrere Einkehrmöglichkeiten. Skifahrer können im Winter vom Gipfel des Penken fast in alle Richtungen ausschwärmen. Zwischen den Gasthöfen und der Nordhangbahn folgen wir dem Wegweiser Wanglspitze und Rastkogel.

Der breite Weg führt zunächst abwärts unmittelbar auf den Gratrücken zu, der die Liftstationen mit der Wanglspitze verbindet. Während des Gehens können wir immer wieder auf die Hintertuxer Gletscher im Süden sowie die Tuxer Berge im Norden blicken. Nach Süden fällt der Grat teilweise steil ab, das poröse Schiefergestein lagert sich in Schichten ab. Jenseits des **Penkenjochs** steigt der Güterweg an und endet an der **Wanglalm** (45 Min.).

Hier beginnt der eigentliche Gipfelanstieg zur Wanglspitze. Wir bleiben nun stets auf dem Steig, der an den Berghängen im Zickzack teilweise recht steil nach oben führt. Dabei passieren wir zwei Kuhtränken und einen Elektrozaun, der zuweilen geladen ist. Wenig später taucht eine kleine Satellitenstation auf. Nun folgt ein steiler Anstieg, und dann erreichen wir das großzügige Gipfelkreuz der **Wanglspitze** (1.45 Std.).

Zwar ist der Berg von der Aussicht her dem benachbarten über 300 m höheren Rastkogel nicht ebenbürtig, doch die Aufstiegsmühen werden dennoch mit einem weiträumigen Rundblick belohnt. Das Tuxer Tal etwa liegt uns direkt zu Füßen, und der Gletscher der Gefrorenen Wand leuchtet eindrucksvoll im Sonnenlicht. Der berühmte Olperer wird im Verlauf des Abstiegs noch markanter in Erscheinung treten.

Beim Abstieg nutzen wir das flachere Gelände westlich des Gipfels aus und folgen dem landschaftlich reizvollen Steig exakt in Richtung des Rastkogels. Der Gipfel ist für konditionsstarke Geher ein außerordentlich lohnendes Ziel (siehe Tour 11). Nachdem wir einen kleinen See

Murmeltier

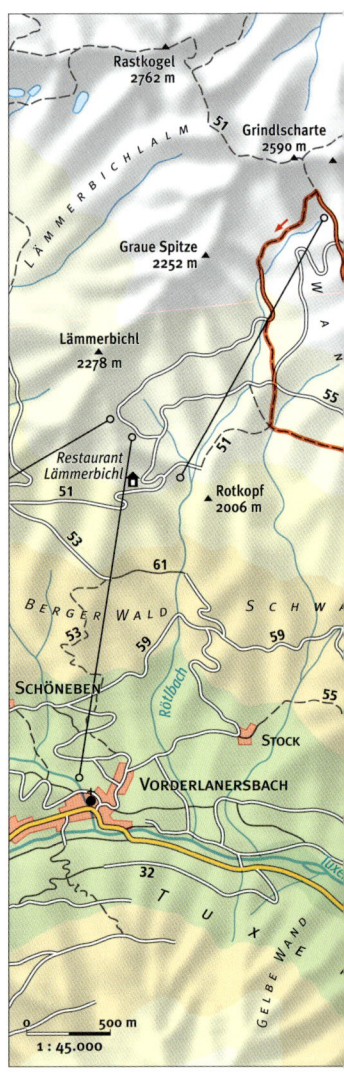

passiert haben, stoßen wir bald auf einen breiten Fahrweg, der über die Lämmerbichlalm abwärts nach Lanersbach führt.

Zwischen den abschüssigen Felsen häuft sich allerhand Schutt, Erde und Geröll an, ein ideales Revier für die in der Regel scheuen Murmeltiere. Kein Wunder, dass uns fortan häufig ein schrilles Pfeifen begleitet, mit dem die Tiere ihre Artgenossen aus Angst vor den womöglich Unheil bringenden Menschen in Alarmbereitschaft versetzen.

Der Fahrweg führt in ein Bachbett unter einem Sessellift hindurch. Exakt an der Stelle, wo ein markanter Wegweiser rechts zum Rastkogel weist (2.30 Std.), müssen wir links über Wiesenmatten abwärts gehen. Der Steig ist zwischen Almwiesen und Steinen kaum auszumachen, aber durchgehend rot markiert. Er führt wieder unter dem Sessellift hindurch und wenig später auf den bezeichneten Steig 55. Wir steuern

nach links und queren die Grashänge der Wanglspitze unmittelbar über dem Tuxer Tal in östlicher Richtung.

Im Folgenden verliert der stellenweise mit hohem Gras bedeckte Steig kaum an Höhe. Die Kuhherden, die in Sichtweite die Weiden abgra-

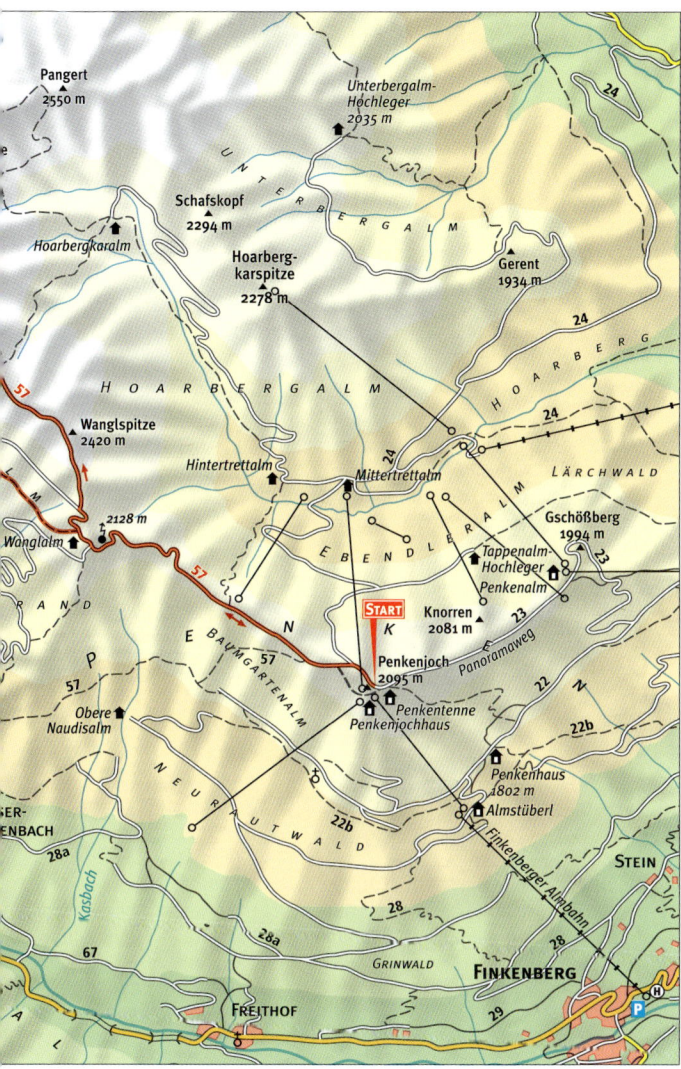

sen, haben hier tiefe Furchen hinterlassen. An Regentagen balanciert man zuweilen zwischen tiefen Schlamm- und Wasserlöchern hindurch. Als wesentliche Orientierungshilfe dient der am Hang entlangführende Weidezaun, der uns praktisch bis kurz vor die **Wanglalm** zurückbegleitet (3.15 Std.).

An der Wanglalm schließt sich unser Rundkurs wieder. Wir folgen nun dem vom Aufstieg her bekannten Weg und erreichen die **Bergstation am Penken** nach 4 Std.

Krönung des Zillertals

Auf die Ahornspitze

Unvergesslich ist die herrliche Rundumsicht auf dem Gipfel des Mayrhofener Hausbergs, die bei gutem Wetter über 100 km weit reicht: zu Füßen das Zillertal, im Hintergrund das Inntal und auf der anderen Seite die Dreitausender-Gipfel der Zillertaler Alpen.

DIE WANDERUNG IN KÜRZE

+++
Anspruch

4.30 Std.
Gehzeit

1000 m
An-/Abstieg

Charakter: Anspruchsvolle Wanderung auf gut begehbaren und markierten Steigen bis ca. 150 m unterhalb des Gipfels, danach Trittsicherheit und Schwindelfreiheit erforderlich.

Wanderkarten: Mayr Wander- und Tourenkarte 32, Gerlos – Zillertal, 1:35 000, oder Wanderkarte freytag & berndt Wk 152, Mayrhofen – Zillertaler Alpen – Gerlos – Krimml, 1:50 000.

Einkehrmöglichkeiten: Ahornhütte und Panoramahütte (geöffnet wie Ahornbahn), Edelhütte (Ende Juni bis Anf. Okt.)

Anfahrt: Mit dem Auto: Inntalautobahn A12 bis Ausfahrt Jenbach, weiter auf der B169 bis Mayrhofen bzw. bis zur Talstation der Ahornbahn am südlichen Ortsende (Parkplatz). **Mit der Bahn:** Stündl. mit der Bahn von Jenbach nach Mayrhofen. Vom Bahnhof über die Hauptstraße und Ahornstraße zur Talstation. **Mit dem Bus:** Alle 2 Std. Postbus von Jenbach nach Mayrhofen, Haltestelle am Bahnhof.

Hinweise: Ahornbahn: Mitte Juni bis Anf. Okt. tägl. 9–17 Uhr, stündl., bei mind. 10 Personen auch viertelstündl., Tel. 0 52 85/6 26 33. Bergsteigergondel der Ahornbahn: Mitte Juli bis Anf. Sept. tägl. um 7 Uhr (nur bei Schönwetter, Anfragen am Vorabend ab 17 Uhr unter Tel. 0 52 85/6 26 33 16).

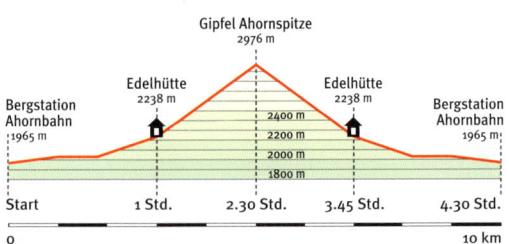

Aufstieg zur Ahornspitze

Am südlichen Ortsende von **Mayr-hofen** nehmen wir die Ahornbahn, die uns rasch auf eine Höhe von 1995 m hinaufbringt. Wer plant, bis auf den Gipfel zu gehen, sollte spätestens die Bahn um 9 Uhr nehmen, noch besser ist allerdings die Bergsteigergondel um 7 Uhr.

Von der **Bergstation der Ahornbahn** schlagen wir gleich den Weg zur Edelhütte ein. Dieser führt über den Ausläufer des Filzenkogels hinauf und geht dann ein ziemliches Stück eben dahin. Nach etwa 30 Min. Gehzeit bekommen wir den Gipfel der Ahornspitze wieder zu Gesicht. Der Weg wird nun zusehens steiler, und bald haben wir die **Edelhütte** (1 Std.) erreicht. Hier gönnen wir uns erst einmal eine Stärkung,

bevor wir uns an den weiteren Aufstieg machen.

In der Edelhütte kann man sich über die Wetterverhältnisse und den weiteren Weg auf den Gipfel informieren. Hier beginnt übrigens auch der Aschaffenburger Höhenweg, ein alpiner Steig für geübte und erfahrene Bergwanderer, der von einem Berggrat zum anderen ohne Abstieg bis zur Kasseler Hütte führt.

Wir machen uns hingegen auf, die Ahornspitze zu bezwingen. Die Route führt gut markiert auf einem ausgetretenen Steig durch saftiges Grün nach oben.

Rechts von uns sehen wir einen steilen Grat, der vom Gipfel schräg nach unten verläuft. Auf dieser Popbergschneide können wir gegen

Mittag die ersten wagemutigen Gipfelstürmer bergab kommen sehen. Dieser Steig ist allerdings nur erfahrenen Bergsteiger zu empfehlen.

Auf unserem Weg nach oben erreichen wir schließlich die Region, wo der grüne Bewuchs zu Ende ist und der blanke Fels zutage tritt (gut

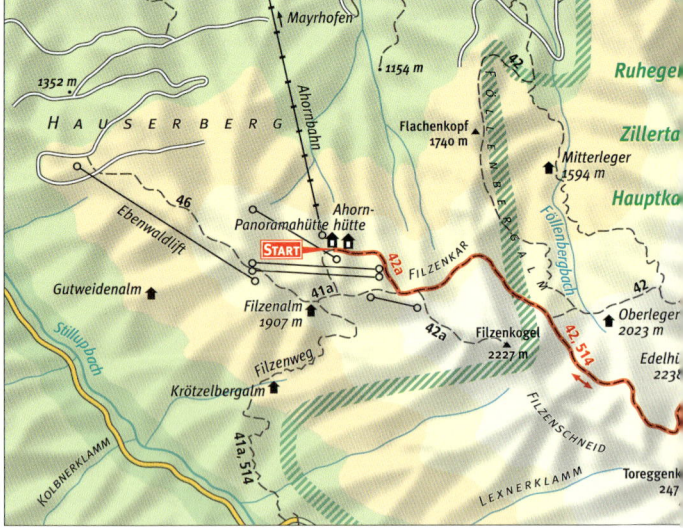

Blick auf die Ahornspitze

nicht mehr sicher fühlt, sollte unbedingt umkehren – auch unterhalb des Gipfels bietet sich bereits ein großartiges Panorama. Richtung Südwesten sind deutlich der Tuxer Gletscher mit den Gefrorenen-Wand-Spitzen (3288 m) sowie der Olperer (3476 m) und der höchste Gipfel der Zillertaler Alpen, der 3510 m hoch aufragende Hochfeiler, zu erkennen. Richtung Norden hat man einen wunderschönen Blick über das Zillertal bis zum Inntal. Bei guter Sicht ist dahinter sogar das Karwendelgebirge zu erkennen. Richtung Südosten liegt das Gerlostal, deutlich zu erkennen der Gipfel der Gerlossteinwand sowie der Brandenberger Kolm.

Wer die Stelle der Felsquerung ohne Mühe meistert und sich auch auf dem etwas brüchigen Felsuntergrund trittsicher fühlt, kann ohne weiteres die restlichen etwa 100 Höhenmeter bis zum Gipfel der **Ahornspitze** (2.30 Std.) aufsteigen. Hier öffnet sich der Blick nun auch direkt nach Süden, wo deutlich der große Möseler (3487 m), der Schwarzenstein (3268 m) sowie der große Löffler (3376 m) zu erkennen sind. Richtung Osten sehen wir jetzt auch hinter dem Zillergrund die Reichenspitze (3302 m) aufragen. Bei sehr guter Fernsicht sind mit Sicherheit über 100 verschiedene Berggipfel von hier oben zu sehen.

2 Std.). Über dieser Stelle muss ein Stück Felswand gequert werden, als Hilfsmittel dient ein in der Wand verankertes Drahtseil. Wer sich hier

Der Rückweg entspricht unserer Aufstiegsroute. So geht es wieder an der Edelhütte (3.45 Std.) vorbei hinunter zur **Bergstation der Ahornbahn** (4.30 Std.). Und egal wie weit man aufgestiegen ist, diese Wanderung wird noch lange in Erinnerung bleiben!

Ahornachalm 1575 m

Schafberg 2192 m

Schafkarspitze 2397 m

SCHMALA-BODEN

Am Glatzer 2345 m

Dutten 2441 m

STEINKARL

Ahornspitze 2976 m

FÖLLENBERGKAR

POPBERGSCHNEID 519

SONNTAGS-GRUBE

0   500 m
1 : 40.000

Das Wandergebiet Eggalm

Über die Grüblspitze zur Bergkäserei Stoankasern im Junsbachtal

Im wildromantischen Junsbachtal kann man dem Kasersepp bei seiner Arbeit über die Schulter schauen, sich mit kräftigem Bergkäse stärken und beim Abstieg mit etwas Glück einen Adler erspähen.

DIE WANDERUNG IN KÜRZE

+
Anspruch

3.30 Std.
Gehzeit

450 m
Anstieg

1100 m
Abstieg

Charakter: Einfache Wanderung auf Wirtschaftswegen und gut befestigten Steigen.

Wanderkarten: Mayr Wander- und Tourenkarte 33, Zillertaler Alpen, 1:35 000, oder Wanderkarte freytag & berndt WK 151, Zillertal – Tuxer Alpen – Jenbach – Schwaz, 1:50 000.

Einkehrmöglichkeiten: Restaurant Eggalm an der Bergstation Eggalmbahn, Bergkäserei Stoankasern (Anf. Juni bis Anf. Okt.).

Anfahrt: Mit dem Pkw: Inntalautobahn bis Ausfahrt Zillertal, dann auf der B169 bis Mayrhofen, danach links auf die Tuxer Landstraße und über Finkenberg nach Lanersbach. Parkplatz an der Hauptstraße schräg gegenüber der Talstation der Eggalmbahn (Stellplätze an der Talstation sind meist belegt). **Mit Bahn und Bus:** Stündl. mit der Bahn oder dem Bus von Jenbach bis Mayrhofen, dann mit dem Postbus bis Lanersbach, Haltestelle bei der Talstation.

Fahrzeiten: Bergbahn Eggalm: Ende Juni bis Anf. Okt., tägl. 8.30–12 Uhr und 13–16.30 Uhr, Tel. 0 52 87/8 72 46.

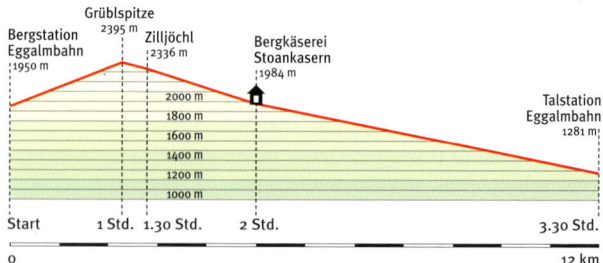

Die **Talstation der Eggalmbahn** befindet sich am Ortseingang von Lanersbach rechts neben der Hauptstraße nach Hintertux. Die Seilbahn bringt uns innerhalb von 8 Min. hinauf bis über die Baumgrenze, wo wir einen uneingeschränkten Blick auf die Zillertaler und Tuxer Alpen haben. An schönen Tagen im Frühjahr oder Herbst können wir uns auf eine Wanderung mit durchgehend angenehmer Sonnenwärme freuen.

Von der **Bergstation** führt zunächst ein Wirtschaftsweg Richtung Grüblspitze. Dieser endet jedoch bald und wir wandern auf einem gut befestigten Steig weiter. Es geht ordentlich bergauf, so dass wir schnell ins Schwitzen geraten. Dafür haben wir am Gipfelkreuz der **Grüblspitze** (1 Std.) bereits knapp 450 Höhenmeter zurückgelegt.

Vom Gipfel haben wir einen wunderschönen Blick hinunter ins Tuxer Tal sowie auf die umliegenden Gipfel. Im Hintergrund können wir in Richtung Süden gut das Hintertuxer Skigebiet sowie den Olperer erkennen.

Wir verlassen die Grüblspitze auf der gegenüberliegenden Seite auf einem markierten Steig und gehen

leicht bergab zum **Zilljöchl** (1.30 Std.). Hier nehmen wir den links abzweigenden Steig Richtung Stoankasern. Er führt zunächst relativ steil bergab, wird dann immer flacher und geht kurz vor Stoankasern noch einmal in ein kurzes Steilstück über.

Die ganze Strecke führt durch eine wunderschöne Alpenflora. Links und rechts vom Weg finden wir Silberdisteln, verschiedenen Arten von Enzian, Schafgarbe, Sonnenröschen, Alpenrose, vereinzelt Blaubeeren, Frauenmantel und Teufelskralle. Dazwischen fließen immer wieder kleine Gebirgsbäche den Hang hinunter.

Schließlich erreichen wir die **Bergkäserei Stoankasern** (2 Std.), die wir bereits von oben gesehen haben. Sie liegt inmitten von Viehweiden, eingebettet in das wildromantische Junsbachtal. Hier oben wird den ganzen Sommer über ein wunderbar wohlschmeckender Käse zubereitet, der gleich vor Ort verzehrt werden kann.

Dermaßen gestärkt können wir uns gemütlich auf den Rückweg nach Lanersbach machen. Der gut befestigte Wirtschaftsweg führt an Viehweiden vorbei hinunter ins Tal, ständig begleitet vom Rauschen des

Junsbaches. Nach etwa 1 Std. erreichen wir wieder die Baumgrenze. An dieser Stelle weist ein Schild auf einen Adlerhorst in der gegenüberliegenden Felswand hin. Mit viel Glück können wir einen dieser seltenen Jagdvögel in den Lüften erblicken.

Insgesamt gibt es noch drei Adlerhorste in der Gegend um Lanersbach – sehr zum Leidwesen des Tuxer Schäfers. Denn, so erzählt er, ein Adler kann durchaus eines seiner Lämmer reißen, was in der Vergangenheit schon vorgekommen ist.

Ab der Baumgrenze geht es im Schatten der Bäume weiter bergab. Bei dem Wegweiser nach Juns halten wir uns geradeaus Richtung Brandteralm. Etwa 500 m weiter führt der Weg dann an einer Gabelung links zur Alm. Wir halten uns aber rechts und gehen auf einem schmalen Pfad über die Wiesen hinunter nach Lanersbach, wo wir an der Kirche vorbei wieder zur **Talstation der Eggalmbahn** (3.30Std.) kommen.

Die Bergkäserei Stoankasern

In der Hochsaison werden in der Bergkäserei pro Tag bis zu 1800 l Milch zu Käse verarbeitet. Das ergibt 5 bis 6 Laib, jeder zwischen 25 und 30 kg schwer. Die Milch stammt von über 100 Milchkühen, die täglich gemolken werden müssen. Von der Hochalm fließt die Milch über eine so genannte Pipeline hinunter nach Stoankasern.

Die Käselaibe werden zum Reifen in einem Raum bei konstanter Temperatur und Luftfeuchtigkeit in Holzregale gestapelt. Jeder Laib ist mit einer laufenden Nummer und dem Herstellungsdatum versehen. Einmal pro Woche muß jeder Laib von Hand mit warmem Wasser abgewaschen und abgebürstet werden. Nach 4 bis 6 Monaten ist der Bergkäse schließlich fertig. Er kann gleich vor Ort, am besten mit einem Glas frischer Buttermilch probiert werden.

Auch den Ferkeln geht es gut auf der Alm

Tirols höchstgelegenes Museum

Von Hintertux über die Höllensteinhütte nach Lanersbach

Die Höllensteinhütte beherbergt Tirols höchstgelegenes Bäuerliches Museum. Hier finden sich neben einer Mineraliensammlung alle Arten von Gerätschaften aus längst vergangenen Tagen, die über die harte Arbeit der Bergbauern und Holzarbeiter Auskunft geben.

DIE WANDERUNG IN KÜRZE

+

Anspruch

3 Std.

Gehzeit

300 m

Anstieg

450 m

Abstieg

Charakter: Einfache Wanderung auf gut befestigten Steigen mit einer kurzen Querung eines Geröllfeldes, Abstieg auf gut befestigtem Wirtschaftsweg.

Wanderkarten: Mayr Wander- und Tourenkarte 33, Zillertaler Alpen, 1:35 000, oder Wanderkarte freytag & berndt WK 151, Zillertal – Tuxer Alpen – Jenbach – Schwaz, 1:50 000.

Einkehrmöglichkeiten: Höllensteinhütte (geöffnet 1.6.–12.10. u. 20.12.–6.4.), Tel. 0 52 87/ 8 76 96.

Anfahrt: Mit dem Pkw: Inntalautobahn bis Aus-

fahrt Zillertal, dann auf der B169 bis Mayrhofen, danach links auf die Tuxer Landstraße und über Finkenberg und Lanersbach nach Hintertux. Parkplatz am Thermalbad. **Mit Bahn und Bus:** Stündl. mit der Bahn von Jenbach bis Mayrhofen, dann mit dem Postbus (stündl.) bis Hintertux; Haltestelle am Thermalbad. Oder von Jenbach mit dem Postbus nach Hintertux.

Rückfahrt: Mit dem Postbus von Jenbach bis Hintertux oder Mayrhofen.

Zentraler Punkt für die nachfolgende Tour ist die in 1740 m Höhe gelegene Höllensteinhütte. Man kann sie entweder von Hintertux oder von Lanersbach aus erreichen. Der einzige Unterschied besteht darin, dass Hintertux ca. 200 m höher liegt als Lanersbach und von daher der Anstieg beim Start in Hintertux um diese Differenz geringer ausfällt.

Wir haben uns entschieden, die Wanderung in **Hintertux** zu beginnen. Vom Parkplatz des Thermalbads gehen wir über die angrenzende Weide auf einem schmalen Pfad steil bergauf. Schnell haben wir einen ausgezeichneten Blick auf die Gemeinde Hintertux. Die Kirche im Ortszentrum wirkt dabei verschwindend klein gegenüber den umliegenden Hotelbauten. Wir tauchen bald darauf in einen wunderschönen Lärchenwald ein, in dem es weiter bergauf geht.

Kurze Zeit später müssen wir ein etwa 200 m breites Geröllfeld queren. Hier gilt es – wegen der Gefahr des Steinschlags –, möglichst rasch

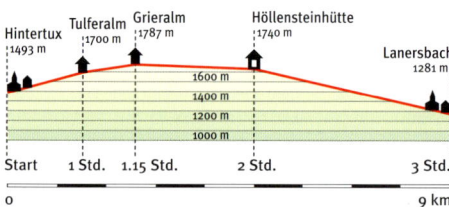

hinüberzugehen und nicht unnötig lang zu verweilen. Der Weg ist allerdings gut begehbar. Danach geht es nun etwas flacher weiter durch Wald und Wiesen bis hinauf zur **Tulferalm** (1 Std.). Sie ist zwar nicht bewirtschaftet, trotzdem bietet es sich an, in ihrer Umgebung eine kleine Pau-

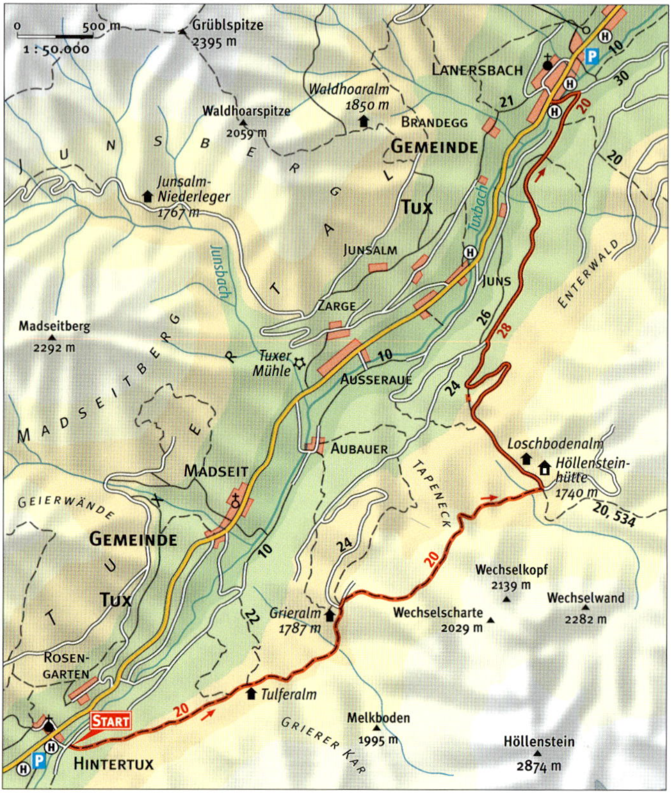

se einzulegen und Mitgebrachtes zu verzehren.

Spätestens hier fällt uns die angenehme Ruhe auf – besonders angesichts der Blechlawine, die sich in den Vormittagsstunden durch das Tuxer Tal wälzt. Zudem zählt diese Strecke zur Höllensteinhütte trotz

Stall bei der Höllensteinhütte

der idyllischen Umgebung nicht zu den stark frequentierten Routen.

Wir gehen weiter den Pfad bergauf und überqueren nach etwa 20 Min. eine neu gebaute Straße, auf der Steine aus der nahe gelegenen Geröllhalde abtransportiert werden. Von hier ist es nicht mehr weit bis zur **Grieralm** (1.15 Std.).

Weiter geht es über baumfreie Almwiesen gemächlich noch ein Stück bergauf. Wir kommen an einem schön gelegenen kleinen See vorbei; der Zutritt bleibt allerdings durch einen Hinweis auf Privatbesitz verwehrt. Der Weg wird nun zusehends flacher, wir haben bald den höchsten Punkt der Tour erreicht und können uns eines wunderschönen Ausblicks auf die umliegende Bergwelt erfreuen.

Anschließend geht es durch einen Wald kurzzeitig etwas steil hinunter zur **Höllensteinhütte** (2 Std.), die wir bereits von weitem sehen konnten. Hier können wir einkehren und treffen etliche Wandergenossen an, da der ausgebaute Weg von Lanersbach herauf wesentlich intensiver genutzt wird.

Im Bäuerlichen Museum (Eintritt frei) ist neben traditonellen Gerätschaften auch eine Mineraliensammlung mit Bergkristallen, die alle aus den Tuxer Alpen stammen, ausgestellt.

Nachdem wir uns ausreichend gestärkt und umgesehen haben, gehen wir auf der Forststraße weiter Richtung Lanersbach. An der Strecke bietet sich ein markierter Steig als Abkürzung an, den wir gern benutzen. Wer es eilig hat, kann auch den markierten Abstieg hinunter nach Juns nehmen und dort in den Postbus steigen. Unser Weg führt gemütlich bergab und endet schließlich an der Hauptstraße in **Lanersbach** (3 Std.).

Tour 27

Das Weitental

Am Weitentalbach entlang zum Tuxer-Joch-Haus

Die Wanderung durch das Weitental zählt zu den klassischen Routen. Mit etwas Glück begegnen wir einem Murmeltier und am Ende erwarten uns faszinierende Ausblicke auf die Gletscherwelt des Tuxer Hauptkamms.

DIE WANDERUNG IN KÜRZE

+
Anspruch

Charakter: Einfache Wanderung auf befestigten Wanderwegen zum Tuxer-Joch-Haus, Abstieg auf einer Wirtschaftsstraße.

4 Std.
Gehzeit

Wanderkarten: Mayr Wander- und Tourenkarte 33, Zillertaler Alpen, 1:35 000, oder Wanderkarte freytag & berndt WK 151, Zillertal – Tuxer Alpen – Jenbach – Schwaz, 1:50 000.

800 m
Anstieg

Einkehrmöglichkeiten: Tuxer-Joch-Haus (Ende Juni bis Anf. Okt.), Sommerbergalm (ganzjährig).

350 m
Abstieg

Anfahrt: Mit dem Pkw: Inntalautobahn bis Ausfahrt Zillertal, dann auf der B169 bis Mayrhofen, danach links auf die Tuxer Landstraße und über Finkenberg und Lanersbach nach Hintertux. Parkplatz an der Talstation der Gletscherbahn. **Mit Bahn und Bus:** Stündl. mit der Bahn von Jenbach bis Mayrhofen, dann mit dem Postbus (stündl.) bis Hintertux, Haltestelle Talstation Zillertaler Gletscherbahn. Oder von Jenbach mit dem Postbus nach Hintertux.

Fahrzeiten: Zillertaler Gletscherbahn: ganzjährig, tägl. 8.30–16 Uhr, Tel. 0 52 87/85 10.

Egal welchen einheimischen Bergführer man nach seinen Wandertipps fragt, das Weitental wird immer genannt. Dieses Hochtal liegt in völliger Ruhe und Abgeschiedenheit zwischen den Ausläufern der Hornspitze im Westen und des Pfannköpfl im Osten. Im Norden durch die

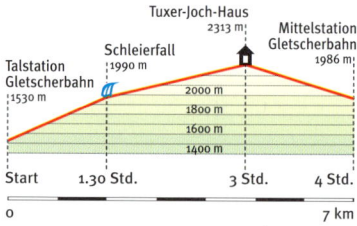

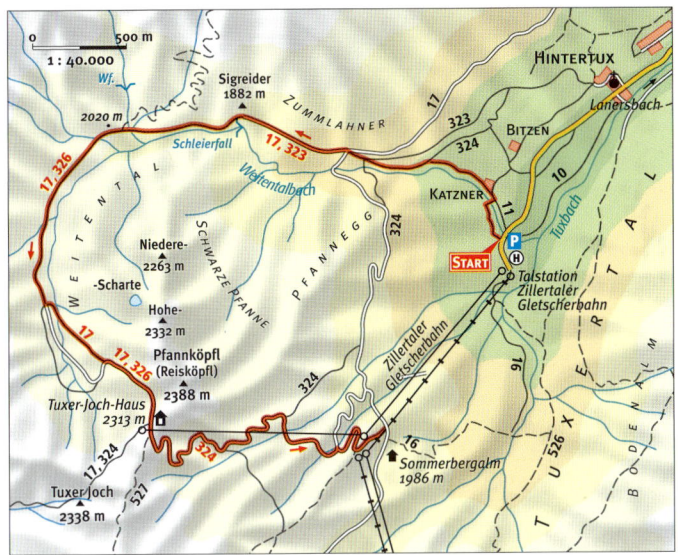

Wandspitze begrenzt, erstreckt es sich mit einer gemächlichen Steigung nach Süden zum Tuxer Joch hinauf. Kein Wunder, dass sich hier neben einer beachtlichen Alpenflora eine Menge Murmeltiere angesiedelt haben. Zwischen den Felssteinen neben dem Weg werden wir immer wieder runde Erdlöcher – Eingänge zu ihren Behausungen – entdecken. Und wenn man dann einige Zeit in Ruhe verharrt, zeigt sich vielleicht einer dieser Bergbewohner. Auch Gamsen wurden schon an manchen Tagen in den oberen Regionen gesichtet. Dazu kommt das leise Rauschen des Weitentalbachs, der von unzähligen Zuflüssen aus den Bergrücken ringsherum gespeist wird.

Die **Talstation der Zillertaler Gletscherbahn,** Ausgangspunkt unserer Wanderung, befindet sich nicht direkt in Hintertux, sondern am Ende der Straße durch das Tuxer Tal. Am Parkplatz neben der Station bzw. an seinem hinteren Ende beginnt ein ausgeschilderter Wanderweg (Wegweiser Weitental/Tuxer Joch). Auf diesem gewinnen wir im Wechsel zwischen Kuhweiden und Waldbäumen schnell an Höhe. Anfangs können wir uns noch am Wegweiser zur Bichlalm orientieren, später führt uns ein Wegweiser nach links Richtung Weitental.

Nach steilem Anstieg erreichen wir bald eine befestigte Forststraße. Wir folgen jedoch nicht dieser Straße, sondern halten auf einem gut begehbaren Pfad (Wegweiser 326/ Weitental) geradeaus auf den Schleierfall zu. Schon von weitem hören wir diesen Wasserfall rauschen, der beim Näherkommen immer deutlicher sichtbar wird.

Unser Weg führt direkt am **Schleierfall** (1.30 Std.) vorbei und über in den Fels gehauene Stufen nach oben. Er ist hervorragend abgesichert und völlig gefahrlos zu begehen. Oben angekommen laufen wir

Tour 27

Blick auf den Tuxer Gletscher

direkt auf den Weitentalbach zu, wo wir uns an dem kristallklaren Wasser erfrischen und die Trinkflaschen nochmals auffüllen können. Kurz darauf sehen wir das Weitental in seiner ganzen Schönheit vor uns. Rechts geht ein Weg hinauf zur Wandspitze. Wir halten uns jedoch links und folgen dem Weg ins Tal hinauf (Wegweiser Tuxer Joch).

Wir wandern gemütlich bergauf und nach der letzten Biegung können wir plötzlich den Dieselmotor des Stromaggregats vom **Tuxer-Joch-Haus** (3 Std.) hören. Nachdem wir die letzten Meter zum Haus

zurückgelegt haben, sehen wir auf einen Schlag die überragende Bergwelt des Tuxer Hauptkamms. Fast zum Greifen nahe liegt der Tuxer Gletscher vor uns.

Nachdem wir uns an der Bergwelt satt gesehen haben, machen wir uns auf den Weg hinunter zur **Mittelstation** der Gletscherbahn (4 Std.). Die Seilbahn bringt uns von dort in kurzer Zeit wieder hinunter zu unserem Ausgangspunkt. Wer möchte, kann sich zuvor noch mit der Bahn hoch zum Tuxer-Ferner-Haus bringen lassen und der dortigen Eishöhle einen Besuch abstatten.

Im Bannkreis der Lawinen

Von Ginzling-Dornauberg zu den Almen über dem Zemmgrund

An den steilen Berghängen um den Ort Ginzling-Dornauberg donnern inbesondere nach starken Niederschlägen immer wieder Muren und Lawinen zu Tal. Während der ohnehin geplagte Bauer auf der Hochalm dadurch Gefahr läuft, sein Hab und Gut zu verlieren, reibt sich der Wanderer ob umgeknickter Bäume nur die Augen.

DIE WANDERUNG IN KÜRZE

Anspruch ++

4 Std.
Gehzeit

950 m
An-/Abstieg

Charakter: Almenrundtour hoch über dem tief eingeschnittenen Zemmgrund auf markierten Steigen oder Forststraßen. Orientierung durch abschnittweise mangelhafte Wegpflege zum Teil erschwert.

Wanderkarten: Kompass Wanderkarte 037, Mayrhofen – Tuxer Tal – Zillergrund, 1:25 000.

Einkehrmöglichkeiten: Ginzling, Oberbödenalm, Pitzenalm, Leitenhof.

Anfahrt: Mit dem Pkw: Inntalautobahn A12 bis Ausfahrt Jenbach, dann weiter auf der B169 bis Mayrhofen und von dort Richtung Speicher Schlegeis nach Ginzling-Dornauberg. Großer Parkplatz an der Brücke über den Floitenbach. **Mit Bahn und Bus:** Stündl. mit der Bahn von Jenbach bis Mayrhofen, dann ca. alle 2 Std. mit der Buslinie 4102 nach Ginzling-Dornauberg. Haltestelle direkt am Parkplatz.

Vom Parkplatz bzw. der Bushaltestelle überquert man den Zemmbach und läuft direkt auf die Kirche von **Ginzling-Dornauberg** zu.

Die Dorfkirche wurde erst im 19. Jh. errichtet. Bis dahin konnten, wenn der Ort nach schweren Unwettern wieder einmal sich selbst überlassen war, weder Kranke versorgt noch Tote bestattet werden. Keine 10 km ist Mayrhofen von hier entfernt, doch allein die moderne Technik und der neu erbaute, über 2 km lange Straßentunnel ermöglichen heute im Notfall eine entsprechende Versorgung. Denn eines wird während der folgenden Wanderung offensichtlich: Die Bedrohung durch gewaltige Muren und Lawinen hängt über dem Zemmgrund wie ein Damoklesschwert.

Hinter der Kirche wandern wir auf der kleinen Teerstraße an derTouristeninformation und dem Friedhof vorbei bis zur Abzweigung Innerböden/Oberböden. Hier gehen wir rechts auf einen Fußpfad zu, der an einer Steinmauer entlang zur Waldgrenze führt. Steil streben die Hänge vor uns in die Höhe. An einer weiteren Gabelung folgen wir rechts dem Wegweiser Oberböden. In un-

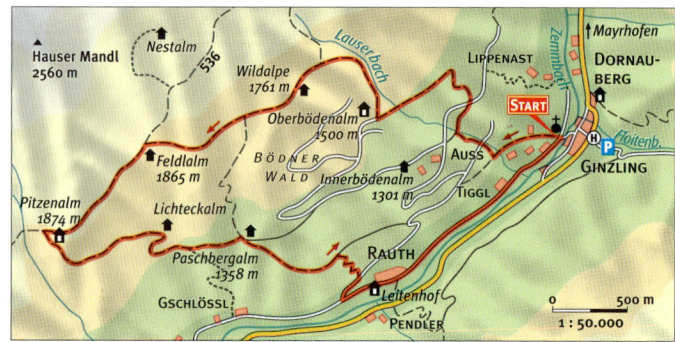

mittelbarer Nähe verbirgt sich im Schutz eines Steinverschlags hinter einer Stahltür die Quelle Ginzling.

Nach Passieren eines Privathauses stoßen wir auf eine auffallend große Waldlichtung. Das einfallende Sonnenlicht verhilft Blumen und Sträuchern zu üppigem Wachstum: Schafgarbe, verschiedene Nesseln, Farne und Himbeersträucher wuchern um die Wette. Zwischen den Pflanzen führt der gut angelegte Steig steil in die Höhe und quert zweimal den zu den Innerböden hinauf führenden Fahrweg. Die Energieversorgung der höher gelegenen Almen wird mit dem durch Holzpfeiler gestützten Starkstromseil sichergestellt.

An einer weiteren Weggabelung halten wir uns rechts nach wie vor in Richtung Oberböden und kommen jenseits des Baches wieder in den Wald. Bei feuchtwarmer Witterung sprießen hier zahlreiche Pilze aus dem Boden, darunter Stein- und Birkenpilz sowie Blutreizger. Am auffallendsten sind jedoch die prachtvollen, aber giftigen Fliegenpilze. Dank ihrer hellroten Kappen und der weißen Punkte erkennt man sie sofort.

Langsam lichtet sich der Wald und die **Oberbödenalm** taucht auf (1.15 Std.). Von der Terrasse der Jause hat man schöne Einblicke in die Gunggl und weiter links in die Floite, zwei wildromantische Seitentäler, die kilometerweit gegen den Zillertaler Hauptkamm hinaufziehen. Vor allem die Gunggl ist mitsamt der Melkerscharte und der sie umgebenden Dreitausender Zsigmondyspitze und dem Ochsner gut zu erkennen (siehe Tour 29).

Unmittelbar oberhalb der Jause steigen wir den Grashang hinauf und

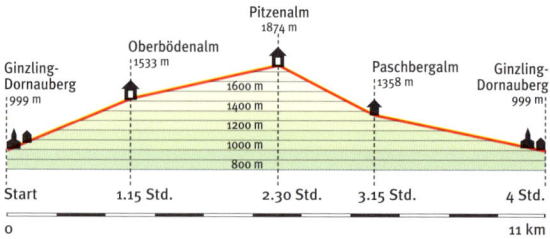

auf einen auffallenden dreieckigen Felsen zu, an dem der rot markierte Pfad sichtbar wird. Im Hochsommer treibt der Hauswurz rote Blüten; die dickfleischige Pflanze bevorzugt kalkhaltige Felsabhänge. Der aus ihren frischen Blättern zubereitete Tee soll unter anderem gegen Halsentzündungen helfen. Pflücken ist jedoch verboten, die Pflanze ist geschützt.

Weiter geht es sehr steil über Wiesenmatten empor, oft sind nur Trittspuren erkennbar. Wir halten uns etwas rechts und streben dem Lauserbach zu. Hier bewegen wir uns in jener Schneise, in der im Frühjahr 2000 eine gewaltige Lawine zu Tale gedonnert ist. Sie hatte sich unterhalb der Nestspitze gelöst und in drei große Seitenarme geteilt. Der neu errichtete und mit modernster Technik ausgestattete Viehstall auf der Oberbödenalm wurde zum Glück nicht zerstört. Doch auch so ist das Ausmaß der Verwüstung unübersehbar, überall liegen Baumstämme und abgetragenes Erdreich herum. Nur der kräftige Fichtenwald konnte dem gewaltigen Druck der Schneemassen zum Teil widerstehen, einzelne Bäume oder die weniger resistenten Birken hingegen knickten um wie Streichhölzer.

Mühsam bahnen wir uns den Weg durch die steile Flanke; bald wird wieder Gras über die Narben gewachsen sein. Im Anschluss queren wir links zur **Wildalpe** hinüber (1.45 Std.). Hinter den Holzhütten beginnt eine Fahrstraße, die uns in eine bewaldete Talsenke hinabführt. An der folgenden Gabelung biegen wir rechts in die Forststraße, auf der wir rasch wieder an Höhe gewinnen. An einer felsigen Wandstufe vorbei, in der exponierte Bäume spektakulär Wurzeln schlagen, erreichen wir die Waldgrenze. Etwas oberhalb bestimmen fortan Latschenkiefern das Bild. Ganz im Süden kann man das Pfitscherjoch erkennen, den Übergang nach Südtirol (siehe Tour 31). Nach weit ausholenden Serpentinen stehen wir vor der **Feldlalm** (2.15 Std.).

Hier stoßen wir auf den Berliner Höhenweg, der über insgesamt sieben Alpenvereinshütten durch die zentralen Zillertaler Alpen führt. Als nächste Station passiert er das Friesenberghaus, das genau in unserer Richtung liegt. Wir orientieren uns also zunächst an dem Wegweiser, und in stetem Auf und Ab genießen wir auf dem folgenden Abschnitt die umfassende Aussicht, bis wir hinter der Materialseilbahn an die **Pitzenalm** (2.30 Std.) gelangen. Am Horizont lugt die Eisflanke des Großen Möseler gerade noch hinter der vorderen Bergkette hervor.

Die Alm, die zwischen Juni und September bewirtschaftet ist, wird nur selten von Wanderern frequentiert. Vor allem bei Schlechtwetter scheint die Zeit für das Almehepaar hier oben fast stehen zu bleiben. Der Mann kümmert sich hauptsächlich um Kühe und Schafe und steigt für die Einkäufe ab und an nach Ginzling ab. Die frische Milch wird jeden zweiten Tag mit der Materialbahn nach unten befördert und von dort in das Tal gefahren. In geringen Mengen wird sie auf der Alm auch zu Graukäse verarbeitet. Gerne verweilt man an diesem ruhigen Ort für ein paar Augenblicke.

Achtung: Der Abstieg (Wegweiser Lichteck/Ginzling) ist anfangs nicht leicht zu finden. Wir wandern von der Hütte nur ein Stück weit in Richtung Bachtal, halten uns dann scharf links und steigen in leicht sumpfiges Wiesengelände ab. Auf dem torfigen Untergrund kann sich das genügsa-

Fliegenpilz

me Heidekraut ausbreiten. Wechselweise über saftige Wiesen und durch Waldabschnitte erreichen wir die **Lichteckalm** (3 Std.).

Auf der Alm orientieren wir uns an dem Wegweiser Ginzling. Es folgt ein wunderschöner Birkenhain, wäre da nicht die zerstörerische Wirkung der oben erwähnten Lawine. Die Bäume sind unter der Last des Schnees regelrecht weggeknickt und werden oft nur noch von einzelnen Wurzelsträngen gehalten. Es ist schwer abzusehen, wie viele von ihnen sich wieder erholen werden.

An der **Paschbergalm** (3.15 Std.) weist uns das Schild ›Abstieg ins Tal‹ den Weg. Steil wandern wir durch Wald abwärts und stoßen auf eine Forststraße, auf der wir rechts in den Talgrund gehen. An der Teerstraße halten wir uns links und schlendern auf ihr gemütlich über den **Leitenhof** nach **Ginzling-Dornauberg** (4 Std.).

Hauswurz

Panorama der Superlative

Vom Breitlahner über Berliner Hütte, Schwarzsee und Melkerscharte nach Ginzling-Dornauberg

Die Berliner Hütte ist die größte Alpenvereinshütte der Ostalpen, und der entlegene Schwarzsee gilt als einer der schönsten Hochgebirgsseen der Alpen. Umgeben von einer grandiosen Bergkulisse, findet der Wanderer hier bestimmt zur Ruhe.

DIE WANDERUNG IN KÜRZE

++
Anspruch

8 Std.
Gehzeit

1650 m
Anstieg

1900 m
Abstieg

Charakter: : Langer, relativ einfacher Übergang vom oberen Zemmgrund in die Gunggl. Bis Alpenrosenhütte Fahrweg, oberhalb gut angelegter Steig. Nördlich der Melkerscharte gute Orientierung von Vorteil. Übernachtung auf der Berliner Hütte zu empfehlen.

Wanderkarten: Wanderkarte freytag & berndt Wk 152, Mayrhofen – Zillertaler Alpen – Gerlos – Krimml, 1:50 000.

Einkehrmöglichkeiten: Breitlahner, Jausenstation Klausenalm, Grawandhütte, Alpenrosehütte, Waxeggalm, Berliner Hütte, Maxhütte.

Anfahrt: Mit dem Pkw: Inntalautobahn A12 bis Ausfahrt Jenbach, weiter auf der B169 bis Mayrhofen, von dort Richtung Speicher Schlegeis bis zum Gasthof Breitlahner (Parkplatz) oder Auto in Ginzling parken und in Bus umsteigen. **Mit Bahn und Bus:** Stündl. mit der Bahn von Jenbach bis Mayrhofen, dann ca. alle 2 Stunden mit der Buslinie 4102 bis zum Gasthof Breitlahner (Haltestelle).

Unterkunft: Berliner Hütte (120 Lager), Tel. 0 52 86/52 23, Ende März bis Ende April sowie Ende Mai bis Anf. Okt.

Vom Parkplatz am **Gasthof Breitlahner** wandern wir auf dem bezeichneten Fahrweg durch Wald zur Jausenstation **Klausenalm**. Weiter geht es bequem über Almwiesen in den hinteren, mit Schotter bedeckten Talboden. Vor uns baut sich die Furcht einflößende Nordwand des Großen Greiner auf. Nach Passieren der **Schwemmalm** (45 Min.) führt der Weg zuletzt in Serpentinen den Hang hinauf zur **Grawandhütte** (1.30 Std.). Gegenüber der Hütte stürzen beeindruckende Wasserfälle in die Tiefe.

An markanten Kiefernbäumen vorbei gelangen wir mäßig steil an den oberen Rand der wilden Felsschlucht des Zemmbaches, die im Folgenden gequert wird. Die ab-

schüssigen Hänge kommen bei Unwettern immer wieder ins Rutschen,
weshalb die Fahrstraße an einigen
Stellen notdürftig mit Holzlatten ge-

stützt ist. Im Anschluss passieren wir
einen kleinen Stausee und erreichen
über flache Kuhweiden die **Alpenrosehütte** (2 Std.).

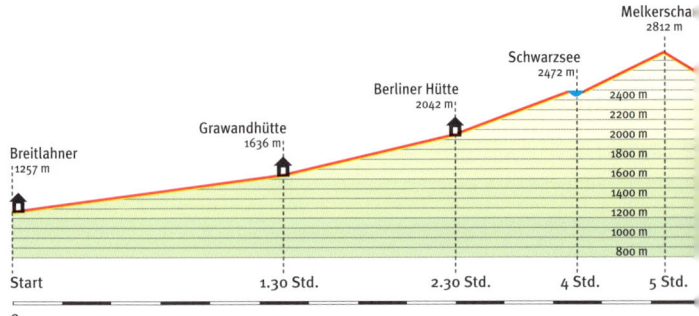

Panorama am Schwarzsee

Waxeggkees aufbaut. Der Weg führt mäßig ansteigend den Hang empor, wir kommen an der großen Gedenktafel für die Opfer des Ersten und Zweiten Weltkriegs vorbei und erreichen auf einem schönem Plattensteig die stattliche **Berliner Hütte** (2.30 Std.).

Großartig ist von hier der Blick auf die nordseitig ausgerichteten Gletscher des Hauptkamms. Allerdings zieht sich das Eis jedes Jahr um durchschnittlich 30 m zurück. Vorbei sind die Zeiten, als die gewaltigen Gletscherzungen noch fast bis zur Hütte heranreichten – zu ihrer Gründungszeit 1879 war dies noch der Fall.

Von der Hütte wandern wir nordostwärts auf dem Plattensteig zunächst in Kehren auf die kleine Zollwachhütte zu. Hier geht es dann nach rechts stets an den Südhängen des Ochsners entlang. Unter uns fließt, eingebettet in eine kleine Schlucht, der Zemmbach. Weiter steigen wir stets leicht bergauf bis zu der rechts in den Talgrund hinabführenden Abzweigung Schwarzenstein. An diesem Wegweiser sprudeln vom Ochsner zwei größere Bäche den Hang herunter.

Das Gebiet zwischen dem links von uns herabziehenden Kirchlgrat und dem Schwarzsee ist voller mineralhaltiger Gesteinsablagerungen. Vor allem die Greiner Schieferserie und der Glasklare Bergkristall rufen Geologen und Mineralogen gleichermaßen auf den Plan. Die Erforschung der komplexen geologischen Zusammenhänge ist bis heute nicht ganz abgeschlossen.

Wir queren nach wie vor die begrünten Hänge und gelangen nord-

Die Hütte liegt am Rand der grünen Hochebene der Waxeggalm, über der sich der mächtige, vom Großen Möseler herabfließende

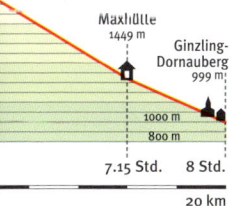

Maxhütte
1449 m
Ginzling-
Dornauberg
999 m
1000 m
800 m
7.15 Std. 8 Std.

20 km

wärts an einen steileren Hang. Nach einigen Kehren erreichen wir erst eine Steinruine, dann den idyllisch gelegenen **Schwarzsee** (4 Std.), der zweifelsfrei zu den schönsten Seen der Ostalpen gehört. Die sich im dunklen Wasser spiegelnde Bergkulisse, vor allem die vergletscherten Gipfel des Hauptkammes von der gegenüberliegenden Seite, ist einzigartig. Der See ist nur wenige Monate im Jahr eisfrei, ein erfrischendes Bad werden wohl nur wenige Wagemutige auf sich nehmen.

Rechts des Schwarzsees steigen wir über einen steilen Erdrücken bis zur Weggabelung empor, an der wir links abzweigen und über Schutthänge zum **Eissee** gelangen (4.30 Std.). Von hier wandern wir mäßig steil hinauf in das Flachgelände unterhalb der Zsigmondyspitze, deren kühnes Felshorn für Kletterer eine Herausforderung ist. Links unterhalb des schön geformten Berges liegt die **Melkerscharte**, die wir zuletzt durch einzelne Schneefelder und einen kleinen Blockhang ansteuern (5 Std.).

Von der Scharte steigen wir rechts zum kleinen Firnfeld ab, das unter den Nordabstürzen der Zsigmondyspitze eingelagert ist. Dann geht es auf Steigspuren erst links über Moränen und Schutt, dann rechts über steile Schrofen und den schmalen Bergschrund zum kleinen **Melkerschartenkees** hinab. Unterhalb des Firns erreichen wir die so genannte Gungglplatte (6 Std.). Sie besteht aus mehreren Hängen und Böden und bricht am unteren Ende überall jäh in Richtung Gunggl ab. Nur ungefähr in der Mitte findet sich ein Durchschlupf. Hier führt der Steig über einen Rücken in eine steile Bachschlucht, in der wir rasch an Höhe verlieren und das obere Ende des Hochtals erreichen (6.45 Std.).

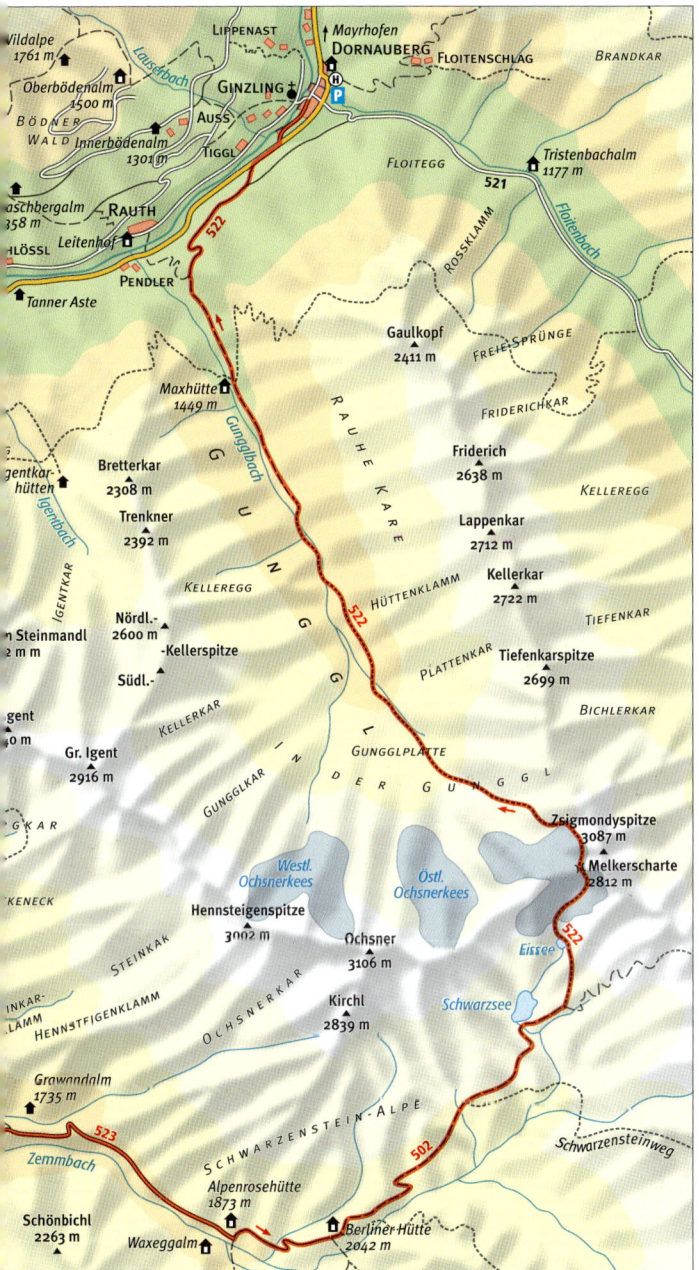

Aufstieg zur Melkerscharte

Berliner Hütte

Als die Berliner Hütte von der Alpenvereinssektion Berlin 1879 eingeweiht wurde, war das Eis noch zum Greifen nah. Damals erlebte die Hütte einen nicht gekannten Boom: Neben Bergsteigern fühlten sich auch Botaniker, Glaziologen, Geologen und Mineralogen von Landschaft und Atmosphäre angezogen. Aufgrund der ungeahnten Popularität musste sie bis 1912 mehrmals ausgebaut werden.

Bemerkenswert ist auch das feudale Interieur mit dem großräumigen Empfangsfoyer, und der riesige, mit Panoramafenstern versehene Speisesaal versetzt den Besucher noch heute in ungläubiges Staunen. In der Blütezeit des Kaiserreichs trug man den Ansprüchen verwöhnter Gäste Rechnung, wovon die eilig hinzugefügte elektronische Rufanlage zeugt. Auch die Einrichtung einer eigenen Schuhmacherstube sowie einer Postkanzlei darf für eine Berghütte als Luxus empfunden werden. Am 1. Mai 1997 wurde sie als erste Alpenvereinshütte unter Denkmalschutz gestellt.

Trotz des starken Ansturms erwirtschaftet sie in normalen Jahren eher ein Defizit. Die hohen Fixkosten, u. a. durch behördliche Auflagenflut sowie personalintensive Bewirtschaftung verursacht, lassen sich durch die Einnahmen in der kurzen Sommersaison kaum kompensieren. Dass der Umweltschutz mit Kläranlage, Mülltrennung und Trinkwasseraufbereitung dennoch nicht zu kurz kommt, ist der Hüttenverwaltung hoch anzurechnen.

Im Talgrund angekommen, wandern wir zunehmend flach an vereinzelten Almhütten vorbei stets in Sichtweite des Gunggalbachs talauswärts. Das wilde Hochtal genießt aufgrund des reichen Gamsvorkommens bei den Jägern einen guten Ruf. Vor der Jausenstation **Maxhütte** (7.15 Std.), die am Talschluss links des Baches auftaucht, können wir die wohl verdiente Trinkpause einlegen und den Verlauf des langen Abstiegs nochmal überblicken. Unterhalb der Hütte stürzt der Teufelsmühle-Wasserfall geräuschvoll in die Tiefe. Der ungewöhnliche Name gründet auf einer Sage, wonach hier einst ein Wilderer einen Jäger hinabgestoßen und der Leichnam sich lange Zeit im Kreis gedreht haben soll.

Uns erwartet nun das letzte Steilstück: der Geländeabbruch in den Zemmgrund. Auf bezeichneter Route steigen wir durch steiles Waldgelände nach **Ginzling-Dornauberg** ab (8 Std.).

Gipfelausblick erster Güte

Vom Speicher Schlegeis auf den Hohen Riffler

Der Hohe Riffler ist einer der schönsten Aussichtsberge der Zillertaler Alpen und gleichzeitig einer der leichtesten Dreitausender der Ostalpen. Um die grandiose Bergtour genießen zu können, sollte im Friesenberghaus eine Übernachtung eingeplant werden.

DIE WANDERUNG IN KÜRZE

+++
Anspruch

9 Std.
Gehzeit

1650 m
An-/Abstieg

Charakter: Anstieg zum Friesenberghaus auf schön angelegtem Steig. Die Besteigung des Hohen Riffler erfordert jenseits des Petersköpfls gute Orientierung, am Gipfelgrat auch Schwindelfreiheit und Trittsicherheit. Höhenweg zur Olpererhütte mit großartigem Panoramablick. Steiler Schlussabstieg. Übernachtung einlegen.

Wanderkarten: Wanderkarte freytag & berndt Wk 152, Mayrhofen – Zillertaler Alpen – Gerlos – Krimml, 1:50 000, oder Kompass Wanderkarte 37, Zillertaler Alpen – Tuxer Voralpen, 1:50 000.

Einkehrmöglichkeiten: Bergrestaurant Schlegeis,

Dominikushütte, Friesenberghaus, Olpererhütte.

Anfahrt: Mit dem Pkw: Inntalautobahn A12 bis Ausfahrt Jenbach, weiter auf der B169 bis Mayrhofen, von dort auf der im letzten Stück mautpflichtigen Hochgebirgsstraße Richtung Speicher Schlegeis. Großer Parkplatz. **Mit Bahn und Bus:** Stündl. mit der Bahn von Jenbach bis Mayrhofen, dann ca. alle 2 Std. mit der Buslinie 4102 bis Speicher Schlegeis.

Unterkunft: Friesenberghaus (9 Betten/33 Lager), Tel. 0 52 34/3 7 17, Ende Juni bis Mitte Sept.; Olpererhütte (42 Lager), Tel. 06 63/5 54 67 8 (nur 1/–21 Uhr), Mitte Juni bis Anf. Okt.

Blühende Wiesenplateaus, abweisende Felslabyrinthe und blendende Eis- und Firnhänge findet man im Zemmgrund oberhalb des Dornaubergtals auf engstem Raum vor – eine landschaftliche Vielfalt, wie sie selbst im Zillertal nur selten ist. Wer mehrere Tage Zeit mitbringt, der sollte die eine oder andere Hüttenübernachtung mit einplanen. Auf diese Weise erhöht sich bei den Hochgebirgstouren der Genuss um einiges. Die Tour zum Hohen Riffler beginnt am nördlichen Ende des **Speichers Schlegeis** knapp unterhalb der **Dominikushütte**.

Der Steig führt vom Stausee weg Richtung Norden (Wegweiser Frie-

Tour 30

senberghaus) und ist im unteren Teil von üppiger Vegetation umgeben. Blumen wachsen hier im Sommer im Überfluss: Türkenbund, gelbe Schwefelanemone, Traubensteinbrech und diverse Enzian-, Primel-, Veilchen- und Hauswurzarten blühen zuhauf. Pflanzenfreunde nehmen am besten die entsprechende Fachliteratur mit. Dabei dürfen wir jedoch nicht vergessen, dass es sich bei der vielfältigen Flora um streng geschützte Alpenpflanzen handelt, die zu pflücken streng verboten ist.

Begünstigt wird das Pflanzenwachstum durch die zu Tale donnernden Gletscherbäche, von denen wir gleich zu Beginn einen überschreiten. Durch lichten Kiefernwald laufen wir fast eben und gelangen schnell an den schäumenden Falschseiten-Bach. Auf der anderen Bachseite sehen wir einen mit Latschenkiefern bedeckten Hang, an dem es in Kehren bergauf geht.

Die Latschenkiefer fühlt sich vor allem an trockenen Hängen bis zu einer Höhe von 2400 m wohl und bevorzugt kalkhaltige Böden. Durch ihre resistente Natur ist sie auch für den Lawinenschutz von großer Bedeutung. Von heilender Kraft sind die aus den Nadeln gewonnenen ätherischen Öle.

Wenig später betreten wir ein kleines Hochplateau mit den durchfeuchteten Wiesen der **Friesenbergalm** (45 Min.). Wir steigen an Felsen entlang flach bergauf bis in das **Lapenkar**, ein schönes Seitental mit Blick auf den Hohen Riffler und das Friesenberghaus. Im Talboden queren wir auf einer Brücke den **Lapenbach**, der sich aus zahlreichen Nebenbächen speist, und steigen rechts an ihm empor in das hintere Kar. Zwischen den Steinen haben sich etliche Silberdisteln eingenistet. Wir gehen rechts durch den Kessel hinauf, queren links hinüber und weiter in einigen Kehren zum Friesenberghaus. Dabei taucht der schöne **Friesenbergsee** unter uns auf.

Das **Friesenberghaus** (2 Std.) liegt am Fuß der Gefrorene-Wand-Spitzen mit Blick zum Schlegeiskees und zu den berühmten Eisgipfeln Hochfeiler und Großer Möseler. Neben den Brotzeittischen vor der Hütte grast manchmal das Hüttensaumpferd Fritz, das täglich bis zu 135 kg Lasten nach hier oben schleppt. Der stets gut aufgelegte Hüttenwirt ist stolz auf sein Tier. Denn lieber als der alle drei Wochen Nachschub bringende Hubschrauber ist ihm sein Fritz allemal.

Der Steig zum Hohen Riffler beginnt oberhalb der Hütte. Wir folgen zunächst dem Wegweiser Friesenbergscharte, dann zweigt man nach rechts ab in Richtung Petersköpfl und Hoher Riffler. Während des Auf-

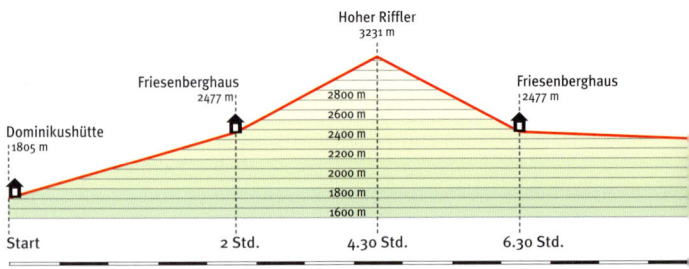

stiegs, der an einer Hangkante entlangführt, genießen wir schöne Blicke auf den Friesenbergsee. Bevor wir die Scharte erreichen, gehen wir an markanten, in die Erde gerammten Felsobelisken vorbei.

Von der **Friesenbergscharte** (2.30 Std.) steigen wir links – rechts geht es zum Petersköpfl – leicht bergab unmittelbar auf den abschüssigen Grat des Hohen Riffler zu, halten uns wiederum links und queren den Hang zunächst eben über Blockgestein. Auf einem großen Felsen ist mit roter Farbe ›Riffler‹ gepinselt, anschließend ist es jedoch mit den Markierungen weitgehend vorbei. Auf Steigspuren überwinden wir nun die erste Steilstufe in scharfen Kehren südseitig bis auf eine begrünte Anhöhe.

Nun halten wir uns erst flach, dann zunehmend ansteigend in unmittelbarer Nähe des Grates, bis wir an einer etwas unübersichtlichen Steilstufe nach links in griffiges Blockwerk ausweichen. Über Felsplatten gelangen wir auf eine weitere Anhöhe, von der auch im Sommer ein Schneefeld direkt zum Gipfelgrat führt.

Auf den letzten Metern zum bereits sichtbaren Hohen Riffler ist gute Orientierung und Umsicht erforderlich. Zumeist können wir unmittelbar auf der zunehmend abschüssigen Gratschneide emporklettern, dann welchen wir einem

großen Felsbrocken rechts aus und erreichen wenig später den kreuzgeschmückten Gipfel des **Hohen Rifflers** (4.30 Std.). Der Blick ist in alle Himmelsrichtungen grandios, bei klarem Wetter reicht er bis zum Glocknergebiet im Osten und den Ötztaler Alpen im Westen.

Der Abstieg verläuft bis zum Friesenberghaus auf der Anstiegsroute; erhöhte Vorsicht ist jedoch bei Nebel und Nässe geboten. Das Balancieren über glatte Felsplatten und wackeliges Blockgestein ist zuweilen etwas mühsam.

Nahe dem **Friesenberghaus** (6.30 Std.) passieren wir den See und folgen dann rechts dem Wegweiser Olpererhütte. Der Steig führt steil in Kehren aufwärts über ein Geröllfeld bis auf einen begrünten Rücken. Hier steigen wir oberhalb eines Baches zunächst weiter bergauf und ereichen die maximale Höhe des Hüttenübergangs.

Die Reststrecke ist ein Genussweg ersten Grades. Im Wechsel über Blockgestein, Schutt und grüne Wiesen bewegen wir uns abwärts auf die Olpererhütte zu. Ab und an hören wir die schrillen Pfiffe der Murmeltiere.

Auch von der **Olpererhütte** (8 Std.), ebenso reizvoll gelegen wie das Friesenberghaus, genießt man schöne Ausblicke. Oberhalb des tief unter uns liegenden Speichers Schlegeis breitet sich das vergletscherte Tourengebiet von Furtschaglhaus und Berliner Hütte eindrucksvoll aus.

Der Talabstieg verläuft zunächst über steinige Wiesenhänge und führt nach Querung eines Wildbachs in vielen Kehren steil durch den Wald bis zum Ufer des Stausees hinab. Hier wandert man linker Hand auf der Teerstraße zum nördlichen Ende des **Speichers Schlegeis** bzw. zur **Dominikushütte** zurück (9 Std.).

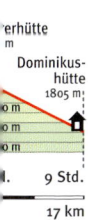

erhütte
m
Dominikus-
hütte
1805 m
o m
o m
o m
l.   9 Std.
17 km

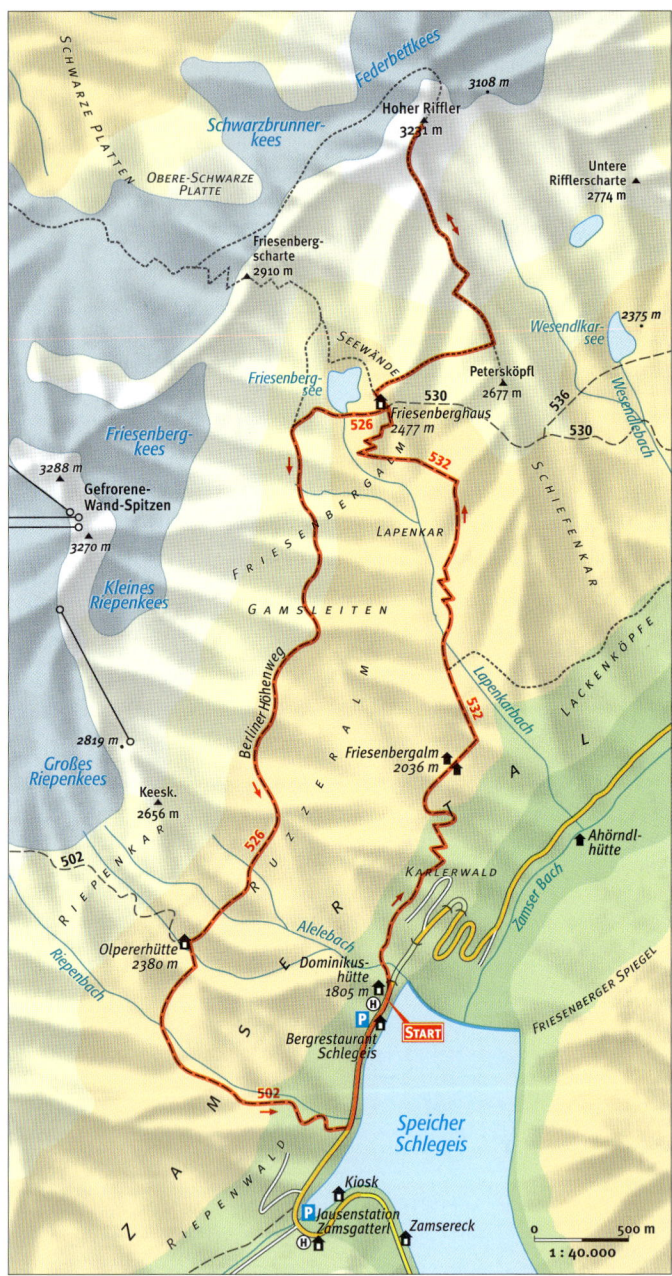

Auf den Spuren der Pilger

Zwischen Speicher Schlegeis und Pfitscher Joch

Südtiroler Luft schnuppert man jenseits des Pfitscher Jochs, das einst der meistbegangene Übergang zwischen Nord- und Südtirol war. Von Süden führt eine Fahrstraße zum stattlichen Pfitscher-Joch-Haus, wo es an schönen Wochenenden nicht immer ohne Rummel abgeht.

DIE WANDERUNG IN KÜRZE

++
Anspruch

5.15 Std.
Gehzeit

1100 m
An-/Abstieg

Charakter: Leichter Anstieg zum Pfitscher Joch auf gut angelegtem Steig, dann hochalpiner Höhenweg Richtung Alpeiner Scharte. Im Felsbereich Vorsicht vor Altschneefeldern. Steiler Abstieg in den Zamser Grund durch das im oberen Teil wilde Schrammachtal.

Wanderkarten: Wanderkarte freytag & berndt Wk 152, Mayrhofen – Zillertaler Alpen – Gerlos – Krimml, 1:50 000.

Einkehrmöglichkeiten: Kiosk und Jausenstation Zamsgatterl, Pfitscher-Joch-Haus.

Anfahrt: Mit dem Pkw: Inntalautobahn A12 bis Ausfahrt Jenbach, weiter auf der B169 bis Mayrhofen, von dort auf der im letzten Stück mautpflichtigen Hochgebirgsstraße Richtung Speicher Schlegeis bis Jausenstation Zamsgatterl (Parkplatz). **Mit Bahn und Bus:** Stündl. mit der Bahn von Jenbach bis Mayrhofen, dann ca. alle 2 Std. mit der Buslinie 4102 bis Speicher Schlegeis, Haltestelle Zamsgatterl.

Unsere Tour zum Pfitscher Joch führt über den Nordanstieg. Er ist wesentlich beschaulicher als die anderen Routen und nie überlaufen. Wir starten am Parkplatz bzw. an der Bushaltestelle neben der **Jausenstation Zamsgatterl,** die direkt am Eingang des Pfitschergründls liegt.

Von hier wandern wir südwärts durch den Wald über eine Geländestufe in den Talgrund des Zamser Baches. Der teilweise mit Steinplatten angelegte Steig führt stets links des Bachs taleinwärts. Linker Hand fließt aus dem Haupental ein Wildbach

herunter, den wir auf einer Brücke überqueren. In der Folge passieren wir mehrere Almen, darunter die **Eckalm** und die **Lavitzalm** (1.30 Std.). Letzere liegt auf einem von Bächen durchtränkten Wiesenplateau.

Am Südrand des Kessels wandern wir im Bogen nach rechts, bevor wir nach der großen Kehre geradewegs über Grashänge dem **Pfitscher Joch** (2 Std.) zustreben. Die alte Zollwachhütte ist nicht mehr besetzt. Vor uns öffnet sich das Südtiroler Pfitscher Tal mit Blick in die zerklüfteten Steilflanken und Hängegletscher von Hochferner (3470 m) und Hochfeiler (3510 m), den höchsten Gipfeln der Zillertaler Alpen. Die Jochhöhe ist flach und weitläufig, zahlreiche kleine Seen haben sich hier gebildet. Wer die Südtiroler Hüttenatmospäre nicht verschmäht, kehrt im nahen **Pfitscher-Joch-Haus** (2.15 Std.) ein.

Von der Hütte wandern wir wieder an den Seen vorbei ein Stück zurück und vom Joch um den langen Grasrücken herum, der von der Grawand gegen das Pfitscher Joch herabzieht (Wegweiser Garaer und Olpererhütte). Dann queren wir die breite Geröllrinne, in der sich der Zamser Bach seinen Weg nach unten bahnt. Das Gestein besteht hier wie in den anderen Hochgebirgsregionen des Zillertals hauptsächlich aus Gneis. Wer das seltene Bergkristall aufspüren will, muss tief graben und geduldig auf seinen Glücksfund hoffen.

Was wir während des Aufstiegs schon bewundern konnten, kommt uns nun rasch näher: Die schroffen, fast unheimlich anmutenden dunklen Wände des **Schrammachers**. Der stolze Berg entsendet in alle Himmelsrichtungen schön geschwungene Grate, der Südgrat baut sich direkt über uns auf.

Wir steigen über Wiesen und Geröll leicht bergan und steuern auf einen markanten Felsrücken zu (3.15 Std.). Dahinter verbirgt sich das weite **Oberschrammachkar**, das man

fast eben quert und aus dem mehrere Bäche zu Tale stürzen. Gut sichtbar ist jetzt der lang gezogene Westgrat des Schrammachers, der im **Ameiskopf** seinen Abschluss findet. Um diesen wandern wir herum und nehmen über Geröllfelder die letzten Höhenmeter bis zur Weggabelung in Angriff (4.15 Std.; Wegweiser Alpeiner Scharte).

Das von der gewaltigen Gipfelwand des Schrammachers überschattete **Unterschrammachkar** liegt uns nun direkt zu Füßen, unterhalb des mächtigen Olperers wird der Eisschrund des Unterschrammachkees sichtbar. Geradeaus führt der Steig in Richtung Garaer und Olperer Hütte und zu der nahen Nothütte, die bei Unwetter schon manchem Alpinisten willkommenen Unterschlupf bot.

Wir machen uns hier an den Abstieg in Richtung Dominikushütte. Doch aufgepasst: Der Steig ist in manchen Jahren selbst im Sommer noch von Altschneefeldern bedeckt, was in dem steilen, abschüssigen Gelände erhöhte Vorsicht erfordert. Ist der Schnee aufgefirnt, kann man gut in der Steilrinne direkt nach unten schlittern. Dabei darf man jedoch nicht zu weit nach links abdriften, sonst holt man sich in dem sumpfähnlichen Unterschrammachbach-Delta nasse Füße und verliert darüber hinaus den Steig aus den Augen. Dieser führt uns direkt an zwei kleinen Bergseen vorbei zu ei-

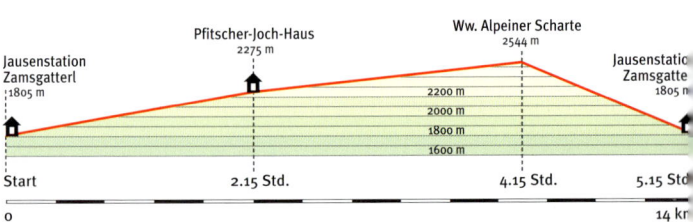

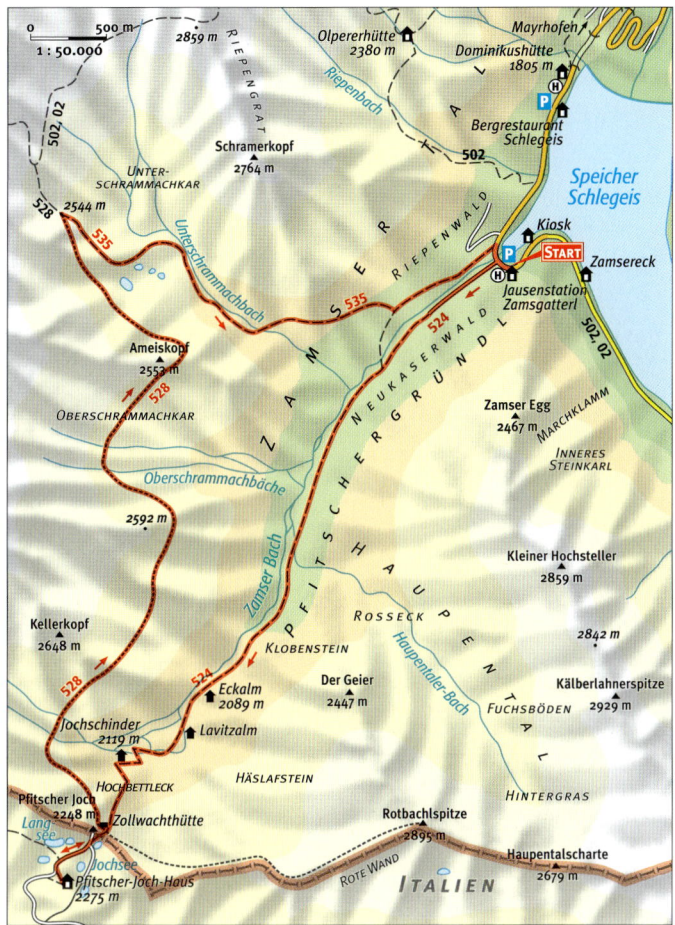

ner weiterer Steilstufe – er verliert sich jedoch zuweilen im alles überwuchernden Gras.

Anders als in manchen Wanderkarten eingezeichnet, halten wir uns hier unbedingt rechts vom Bach. Andernfalls gerät man in eine abschüssige Schlucht. Erst nach Passieren dieser zweiten Steilstufe überqueren wir den **Unterschrammachbach** unmittelbar unter einem kleinen Wasserfall über eine Brücke. Die umliegenden Wiesen bilden ein blühendes Feuchtbiotop.

Am anderen Bachufer geht es auf gutem Steig in Richtung Talboden. Dabei haben wir den Verlauf des Aufstiegs bestens im Blickfeld. Den alten Pilgerweg erreichen wir zuletzt durch lichten Zirbenwald in steilem Abstieg. An der nächsten Weggabelung halten wir uns links und laufen direkt auf die **Jausenstation Zamsgatterl** zu (5.15 Std.).

Speicher Schlegeis

Das Pfitschergründl

In früheren Jahrhunderten war das Pfitschergründl für die Talbewohner von immenser Bedeutung. Seinerzeit trugen die Leute die Lasten aufwändig auf Saumtieren oder mit so genannten Kraxen auf dem Rücken über das Pfitscher Joch nach Süden in das Eisacktal. Schon damals konnten also selbst über hohe Bergketten hinweg Güter und Waren ausgetauscht werden.

Nach dem Zweiten Weltkrieg war es jedoch mit dem Handelsverkehr erst einmal vorbei. Die neu gezogenen Grenzen zu Südtirol wurden von der italienischen Regierung zum absoluten Tabu erklärt. Auch in den späten 1960er Jahren kam es wiederholt zu Sprengstoffanschlägen, nachdem Italien den Pariser Vertrag nicht akzeptiert hatte. Erst seit 1973 ist der Übergang wieder offiziell passierbar. Von italienischer Seite führt eine Fahrstraße zum Joch.

Auf Tuchfühlung zum Gletscher

Vom Speicher Schlegeis über Furtschaglhaus, Schönbichler Horn und Alpenrosehütte zum Breitlahner

Die Eiswände des Zillertaler Hauptkamms gelten unter ambitionierten Bergsteigern als absolute Herausforderung. Bei der landschaftlich großartigen Überschreitung des Schönbichler Horns kann sich der Wanderer ein Bild von der faszinierenden Eiswelt machen.

DIE WANDERUNG IN KÜRZE

+++
Anspruch

8 Std.
Gehzeit

1350 m
Anstieg

1850 m
Abstieg

Charakter: Überschreitung des Schönbichler Horns auf hochalpinem, in Gipfelnähe gesichertem Steig. Nur für Geübte. Es empfiehlt sich, die Tour auf zwei Tage zu verteilen.

Wanderkarten: Wanderkarte freytag & berndt Wk 152, Mayrhofen – Zillertaler Alpen – Gerlos – Krimml, 1:50 000, oder Kompass Wanderkarte 37, Zillertaler Alpen – Tuxer Voralpen, 1:50 000..

Einkehrmöglichkeiten: Jausenstation Zamsgatterl, Zamsereck, Fischerhütte, Kiosk am Gletscherbach, Furtschaglhaus, Waxeggalm, Alpenrosehütte, Grawandhütte, Jausenstation Klausenalm, Breitlahner.

Anfahrt: Mit dem Pkw: Inntalautobahn A12 bis Ausfahrt Jenbach, dann weiter auf der B169 bis Mayrhofen und auf der im letzten Stück mautpflichtigen Hochgebirgsstraße zum Speicher Schlegeis. Parkplatz an der Staumauer. Oder das Auto auch am Breitlahner parken und mit dem Bus oder per Trampen zum Stausee hinauffahren. **Mit Bahn und Bus:** Stündl. mit der Bahn von Jenbach bis Mayrhofen, dann ca. alle 2 Std. mit Buslinie 4102 bis Speicher Schlegeis, Haltestelle Staumauer.

Rückfahrt: Wer sein Auto am Speicher Schlegeis stehen hat, kann vom Breitlahner alle 1 bis 2 Std., spätestens um 17.24 Uhr mit dem Bus nach oben fahren.

Unterkunft: Furtschaglhaus (120 Lager), Johann Gratz, Tel. 06 64/2 01 06 07, Mitte Juni bis Mitte Okt.; Alpenrosehütte, Tel. 0 52 86/52 22; Waxeggalm, 0 52 86/52 73 oder 52 26, beide Mitte Juni bis Ende Sept.

Bevor wir die folgende Tour beginnen, lohnt ein Abstecher auf die Krone der Staumauer des **Speichers Schlegeis,** von der wir am nördlichen Ende des Stausees einen einzigartigen Ausblick auf das von Gletschern durchzogene Panorama genießen.

Von der Staumauer wandern wir unterhalb der **Dominikushütte** und am **Restaurant Schlegeis** vorbei auf der Uferstraße in Richtung Süden. Beeindruckend ist rechts der Wasserfall des Riepenbachs. Dann kommen wir zur **Jausenstation Zamsgatterl,** wo die öffentlich befahrbare Uferstraße endet (15 Min.). Die nahe Kapelle erinnert an die 21 beim Bau

der Zemmkraftwerke ums Leben gekommenen Arbeiter. Ein gläsernes Kreuz und eine Bronzetafel mit den Namen der Verunglückten schmücken die Gedenkstätte.

Wir folgen dem Wegweiser Furtschaglhaus und umlaufen die kleine Seitenbucht des Speichers. Am **Zamsereck** gehen wir die in einen Kiesweg übergehende Uferpromenade

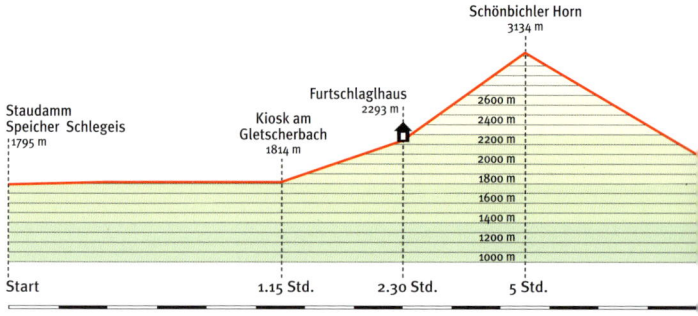

Weg zum Furtschaglhaus

Wir folgen weiter dem Wegweiser Furtschaglhaus und steigen nun steiler empor in den innersten Talkessel. Hier fließen zahlreiche Bäche zusammen, die allesamt aus den Zungen der umliegenden Gletscher hervorsprudeln. Weiter geht es in zahlreichen Kehren den steilen grasigen Hang ostwärts hinauf, bis wir zuletzt weniger steil das **Furtschaglhaus** erreichen (2.30 Std.).

Das Furtschaglhaus ist ein idealer Stützpunkt für zahlreiche hochalpine Gletscherfahrten. Die bis zu 60 Grad geneigte Hochfeiler-Eiswand, die sich genau südlich vor uns hochzieht, zählt unter extremen Alpinisten zu den absoluten Herausforderungen. Je nach den Verhältnissen benötigt man alleine von der Randkluft bis zum Gipfel zwischen 2 und 10 Stunden. Schon das riesige spaltenreiche Gletscherfeld des Schlegeiskees unter den steil aufragenden Eis- und Felsgipfeln ist ein unvergesslicher Anblick. Der südöstlich gelegene Große Möseler ist ebenfalls ein beliebtes Tourenziel. Schon allein wegen dieser Bergkulisse lohnt es sich, hier oben eine Nacht zu verbringen.

bis fast an das Ende des Schlegeisgrundes, stets unmittelbar auf die Gletscherfelder des Schlegeiskees zu. Teilweise ist der Weg kühn in die steilen Bergflanken gesprengt. Hinter einer kleinen von Lärchen umgebenen Alm erreichen wir einen **Kiosk,** an dem wir auf einem aus Steinen errichteten Damm den Gletscherbach überqueren (1.15 Std.).

Von der Hütte gehen wir auf dem bezeichneten Berliner Höhenweg über die Hänge des Furtschaglkares, dann weiter auf einem unauffälligen begrünten Rücken ostwärts empor. Weiter halten wir uns an dem vom Kamm herabziehenden Bergrücken. Über einen erdigen Hang gelangen wir von Süden zu einem auffälligen Steinmann, von dem wir den schmalen felsigen Rücken bis knapp unter die Felsen des Schönbichler Horns aufsteigen. Der Steig führt rechts an den Felsen entlang und wendet sich in einer steilen, erdigen Rinne direkt

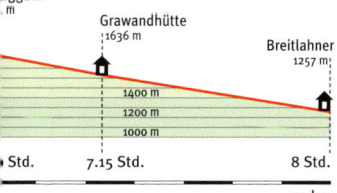

eggalm
m

Grawandhütte
1636 m

Breitlahner
1257 m

1400 m
1200 m
1000 m

Std.   7.15 Std.   8 Std.

22 km

der **Schönbichler Scharte** zu (4.45 Std.). Von hier fehlen nur noch wenige Meter bis zum nördlich der Scharte gelegenen Gipfel des **Schönbichler Horns,** die wir rasch über einige Felsplatten bewältigen (5 Std.).

Das Schönbichler Horn gehört zu den am häufigsten besuchten Bergen der Zillertaler Alpen. Durch gut angelegte und gesicherte Steiganlagen ist der Gipfel von beiden Seiten her leicht zu besteigen. Die Aussicht vor allem auf die spaltenreichen, tief unter uns liegenden Gletscher ist äußerst beeindruckend. Der Große Möseler wirkt aus unserer Perspektive abweisend und kaum besteigbar, ist jedoch mit ein wenig Gletschererfahrung bei guten Verhältnissen kein Problem.

Wir gehen die wenigen Meter zurück zur Scharte und von hier links steil bergab. Die Felsen sind nicht überall stabil, Drahtseile erleichtern den Abstieg. Früher war der Grat mit Eis bedeckt, doch fortschreitende Ausaperung hat es verschwinden lassen. Nach Verlassen der Gipfelflanke wird das Gelände flacher, auf bequem begehbaren Platten setzen wir unseren Abstieg fort. Wir verlassen den Grat und gehen unterhalb der Felsen hinab. Dann geht es in mehreren Kehren in den begrünten Kessel des Garberkares.

An der westlichen Seitenmoräne des Waxeggkees kommen wir an den Wegweiser, der links abwärts zur Alpenrosehütte führt. Hier steigen wir links in die Hochebene hinab, in der die bewirtschaftete **Waxeggalm** zu einer Einkehr einlädt (6.30 Std.). Jenseits des Baches gelangen wir an die **Alpenrosehütte,** an der die Fahrstraße vorbeiführt. Über Grawandhütte und Klausenalm steigen wir zum **Breitlahner** ab (8 Std., siehe Aufstieg Tour 29).

Speicher Schlegeis

Die Staumauer des Speichers hat eine Kronenlänge von 722 m, ragt 131 m in die Höhe und ist 9 m dick . Mit einer Nutzlast von 126,5 Mio. m^3 ist der Speicher Schleigeis der zweitgrößte Alpenstausee Österreichs. Doch was passiert mit diesen Wassermassen?

Zunächst fließt das Wasser über Stollen zum 1970 fertig gestellten

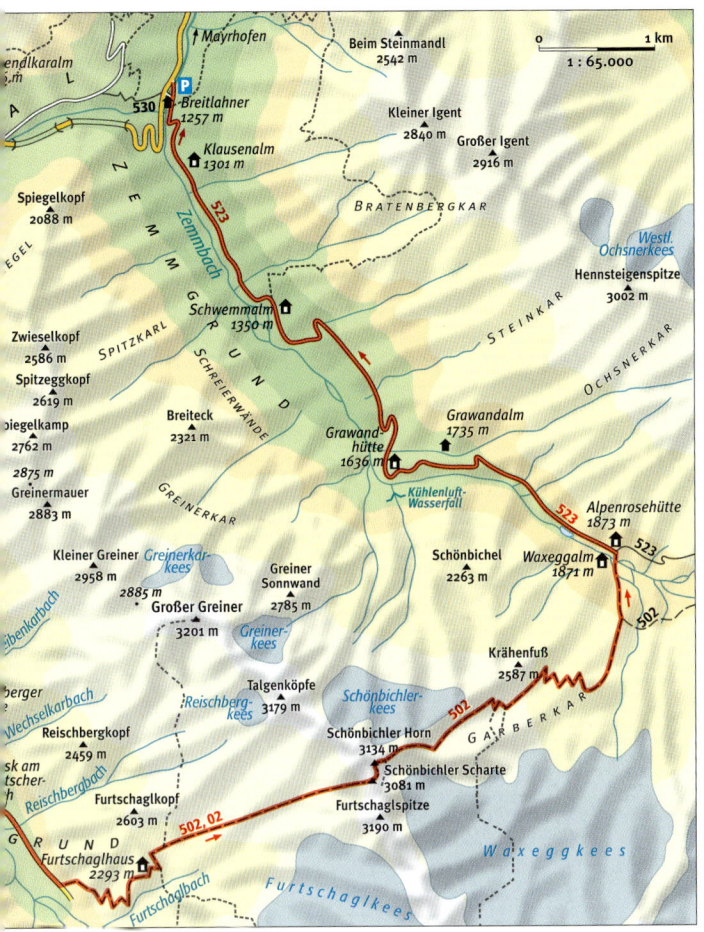

Pumpspeicherwerk Rosshag ab, das aus Gründen des Landschafts- und Lawinenschutzes größtenteils in den Fels gebaut ist. Hier wird mit Hilfe von Turbinen Strom erzeugt, im Jahresdurchschnitt beachtliche 284 Mio. Kilowattstunden aus dem natürlichem Zufluss sowie weitere 250 Mio. aus der Pumpspeicherung. Anschließend wird das Wasser über den Speicher Stillupp weiter in das Kraftwerk in Mayrhofen geleitet. Das durchlaufende Wasser kann somit mehrmals zur Stromförderung genutzt werden.

Neben der Energiegewinnung bewahren die Speicherseen das Zillertal vor folgenschweren Überschwemmungen. Bei den sintflutartigen Regenfällen im Sommer 1987 etwa wurden in Tirol das benachbarte Ötztal und das Stubaital in starkem Ausmaß verwüstet, während das Zillertal glimpflich davonkam.

Im Gams- und Steinbockrevier

Vom Speicher Stillupp zur Kasseler H. und durch die Elsenklamm

Der wasserreiche Stilluppgrund galt lange als eigentliches Quelltal des Zillers. Die hochalpine Gletscherregion oberhalb des Talgrunds ist wenig besucht und ein geeignetes Rückzugsgebiet für Wildtiere.

DIE WANDERUNG IN KÜRZE

++
Anspruch

9.15 Std.
Gehzeit

1400 m
An-/Abstieg

Charakter: Bis zur Grüne-Wand-Hütte meist geteerter Almweg, dann auf gutem Steig zur Kasseler Hütte. Höhenweg in der Elsenklamm gesichert, aber Trittsicherheit und Schwindelfreiheit erforderlich! Abstieg zur Grüne-Wand-Hütte sehr steil. Übernachtung ratsam.

Wanderkarten: Wanderkarte freytag & berndt Wk 152, Mayrhofen – Zillertaler Alpen – Gerlos – Krimml, 1:50 000, oder Kompass Wanderkarte 37, Zillertaler Alpen – Tuxer Voralpen, 1:50 000.

Einkehrmöglichkeiten: Alpengasthof Wasserfall, Stillupphaus, Grüne-Wand-Hütte und Kasseler Hütte.

Anfahrt: Mit dem Pkw: Inntalautobahn A12 bis Ausfahrt Jenbach, dann weiter auf der B169 bis Mayrhofen, von dort auf mautpflichtiger Straße ins Stillupptal bis Alpengasthof Wasserfall (Parkplatz). **Mit Bahn und Bus:** Stündl. mit der Bahn von Jenbach bis Mayrhofen, dort vom Hotel Berghof (Zentrum) mit dem Kleinbus ins Stillupptal, Haltestelle Alpengasthof Wasserfall, tägl. um 8, 10 und 11.30 Uhr; Rückfahrt nach Bedarf, Sonderfahrten bis Grüne-Wand-Hütte auf Anfrage unter Tel. 0 52 85/34 23 oder 06 64/2 00 65 69.

Unterkunft: Alpengasthof Wasserfall, Stillupphaus, Grüne-Wand-Hütte und Kasseler Hütte.

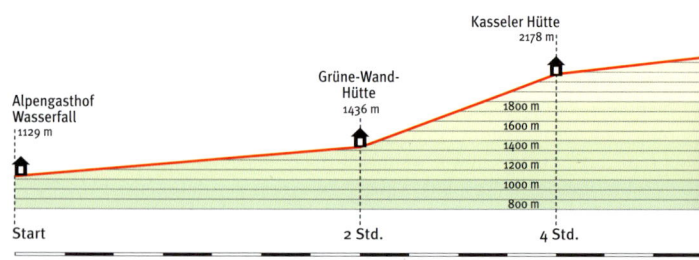

Die Tour beginnt am **Alpengasthof Wasserfall,** der am nördlichen Ausläufer des Stillupp-Stausees liegt. Die Einkehr trägt ihren Namen zu Recht, denn so weit das Auge reicht, stürzen gewaltige Wasserfälle in die Tiefe. Auch das Panorama ist einzigartig. Der Anblick der Gletscherberge am Talende begeistert den naturverbundenen Besucher.

Bevor der Anstieg zu den Hütten beginnt, gehen wir etwa 2 km stets am Stausee entlang, der fjordartig in die wilde Landschaft eingebettet ist. An beiden Ufern versorgen unzählige Bäche den See mit Wasser. Unterwegs müssen wir durch drei Straßentunnel, d. h. der zweite kann auch rechts umgangen werden. Kleinbusse fahren vereinzelt Touristen auf die Grüne-Wand-Hütte, die die folgende Route auf diese Weise zu einer bequemen Tagestour verkürzen.

Am Ende des Stausees sind die höher gelegenen Hütten ausgeschildert, wir betreten das ›Ruhegebiet des Zillertaler Hauptkamms‹. Der Fahrweg steigt durch lichten Wald an, stets oberhalb des erfrischenden Löfflerkarbachs. Lange Zeit galt dieser Bach als der Quellbach des Zillers, doch inzwischen hat man den weiter östlich gelegenen Zillergrund als das Quelltal ausgemacht.

Wir erreichen ein baumloses Hochplateau, auf dessen Almen

zahlreiche Kühe weiden. Das nahe **Stillupphaus** ist bereits sichtbar und wird nun auf ebener Strecke schnell erreicht (1 Std.). Anschließend zieht der Weg zu den Karen des über 3000 m hohen Grundschartner hin. In der 1252 m hohen Bibergaste ist eine Bienenreinzucht-Belegstelle eingerichtet. Die abgeschirmte Lage bietet ideale Voraussetzungen für die Imker, um junge, unbegattete Bienenköniginnen mit den Drohnen der Rasse Carnica zu paaren.

Der Weg führt bis zur **Grüne-Wand-Hütte** (2 Std.) durch steiler werdendes Waldgelände. Dann kommen wir taleinwärts an der **Taxachalm** vorbei, wo man sich an frischem Ziegen- und Bergkäse sowie Buttermilch laben kann. Wenig später zweigt rechts ein Steig zur Lapenscharte ab, den wir später im Abstieg nehmen. An einer Quelle vorbei folgen wir der Fahrstraße bis an das Ende des Tals und gelangen in einer Kehre an die Materialseilbahn der Kasseler Hütte (2.45 Std.). Die Hüttenfahne sieht man bereits hoch oben auf einem Felsvorsprung im Wind flattern. Wem sein Gepäck zur Last wird, kann hier die Hütte anrufen und sich für 3 Euro seinen Rucksack nach oben fahren lassen. Der Lift ist für 180 kg Nutzlast ausgelegt und bewegt sich mit 1,5 m pro Sekunde fort.

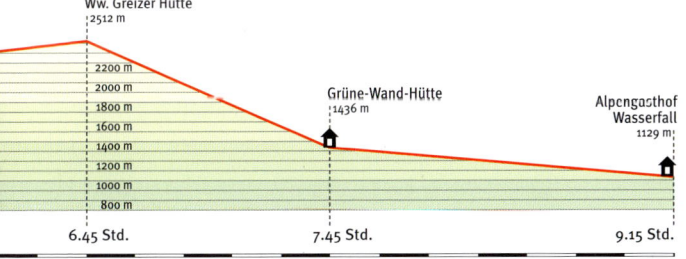

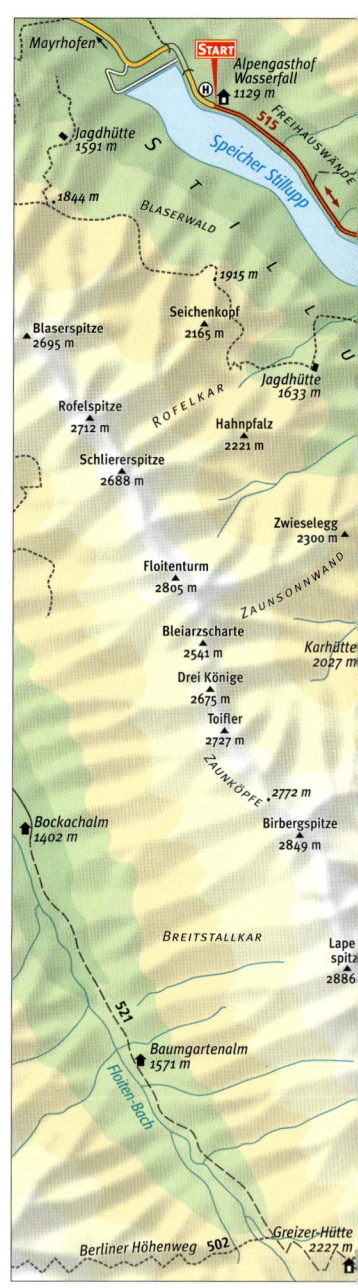

Der Anstieg verläuft auf einem schönen, teils mit Steinplatten angelegten Bergpfad. Der Taxachwald wird lichter, den einzeln stehenden Birken scheint das raue Hochgebirgsklima nichts auszumachen. Über Serpentinen stoßen wir an eine Hangkante, unter der der Sonntagskarbach in einer Schlucht zu Tale rauscht. Der Steig quert den Bach oberhalb der Schlucht und stößt auf den Aschaffenburger Höhenweg, für den 8 bis 10 Std. Gehzeit bis zur Edelhütte anberaumt sind. Wenig später stehen wir vor der sehr schön gelegenen **Kasseler Hütte** (4 Std.).

Bereits von der Hütte aus können wir weite Teile des unterhalb des Eis-, Löffler- und Lapenkars verlaufenden Höhenweges überblicken. Er gilt als einer der schönsten der Zillertaler Alpen und ist mit ein wenig Übung und Trittsicherheit problemlos zu bewältigen.

Wir folgen dem Wegweiser Greizer Hütte in südlicher Richtung. Nach der Abzweigung Wollbachspitze, die wir ignorieren, gelangen wir an einen tosenden Gletscherbach, den der Östliche Stilluppkees entsendet. Über eine schwankende, aus zwei Holzbrettern bestehende Brücke erreichen wir das andere Ufer. Nun quert der Steig meist eben unter den Wänden der Grüne-Wand-Spitzen. Immer wieder öffnen sich herrliche Panoramablicke auf die gegenüberliegenden Eisberge sowie zurück in das tief unter uns liegende Stillupptal. Der Talzugang ist uns durch eine jäh abbrechende Wandkluft versperrt. Der gewaltige Löfflerkees mit der darüber aufragenden gleichnamigen Spitze, Ziel versierter Bergsteiger, rückt immer näher. Wieder ist ein reißender Bach, diesmal ohne Brücke, zu überqueren.

In diesem wenig begangenen Gebiet fühlt sich der Steinbock hei-

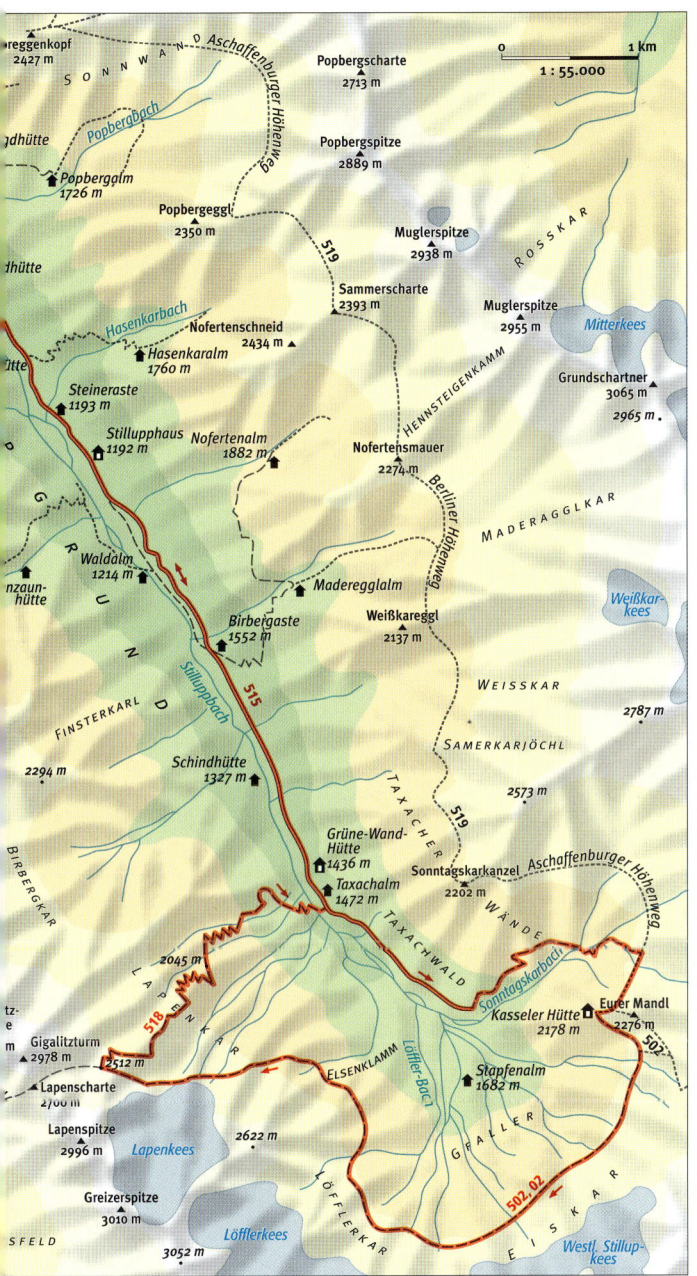

Am Weg zur Kasseler Hütte

misch. Zwischenzeitlich galt er hier als ausgerottet, doch dann wurde er aus Graubünden bzw. dem Pitztal wieder eingegliedert. Das stolze Tier hält sich bevorzugt in den der Sonne zugewandten Grasbändern des felsdurchsetzten Geländes auf.

Das Gelände wird flacher, teilweise sprießen Alpenblumen zwischen dem Blockgestein hervor. Wir steigen zum Gletscherbach des zerfurchten Löfflerkees ab, der an einigen Stellen übersprungen werden muss. Reichlich rote Markierung erleichtert bei Restschneefeldern die Orientierung. Anschließend müssen wir kurz bergauf, die Abhänge der einzelnen Kare werden wieder steiler. Dann queren wir eine kleine Schlucht und steigen in Richtung der Elsenklamm ab.

Die **Elsenklamm** (6.15 Std.) ist der landschaftliche Höhepunkt und die Schlüsselstelle der Tour. Bevor es in das Felsband einer fast senkrechten Wandpartie geht, grüßt uns ein Engel an der Wandtafel: »Vielen Dank für Deinen Schutz.« Doch keine Angst,

der exponierte Steig ist beidseitig mit einer doppelten Seilsicherung versehen. Ein wenig Vorsicht ist dennoch ratsam, insbesondere bei der Bachquerung muss man hinsichtlich glitschiger Felsen auf der Hut sein.

Jenseits der Schlucht steigen wir stets aufwärts bis zur Abzweigung Lapenscharte, über die es zur Greizer Hütte geht (6.45 Std.). Mit über 2500 m ist der höchste Punkt unserer Route erreicht, hier beginnt der Abstieg – bezeichnet mit ›Abkürzungsweg Grüne-Wand-Hütte‹ – zurück ins Stillupptal.

Zunächst steigen wir in einigen Kehren über Schafweiden hinab. Am Verhalten der feinfühligen und instinktiv handelnden Tiere können wir die Wetterlage ausmachen: Bei anstehendem Schönwetter treibt es die Schafe nach oben, steigen sie ab, sind die Indikatoren negativ. Schnell erreichen wir eine verfallene Alm, an der die Tiere bei Schlechtwetter Unterschlupf finden.

Der Abstieg wird nun steiler. Durch üppig wucherndes Buschwerk kommen wir auf dem mit Steinen und Platten ausgelegten Steig an den Rand einer Schlucht. Weiter steil bergab gelangen wir über die letzte Felsstufe zu den Hängen oberhalb des Stilluppgrunds, den wir nach zwei Bachquerungen in einigen Kehren erreichen.

Auf Höhe der **Taxachalm** stoßen wir wieder auf die Fahrstraße in Richtung Kasseler Hütte. Die **Grüne-Wand-Hütte**, auf die man bereits im Verlauf des Abstiegs beeindruckende Tiefblicke werfen konnte, erreichen wir nach wenigen Minuten (7.45 Std.).

Von hier kann man sich mit dem Kleinbus nach unten fahren lassen, oder man steigt auf der Aufstiegsroute zum **Alpengasthof Wasserfall** am Speicher Stillupp ab (9.15 Std.).

Wandern und genießen

Im Sundergrund

Im Sundergrund lässt es sich so richtig nach Herzenslust wandern. Die Wege in der schönen und abwechslungsreichen Landschaft sind nicht zu steil und gut begehbar.

DIE WANDERUNG IN KÜRZE

+
Anspruch

3.30 Std.
Gehzeit

500 m
An-/Abstieg

Charakter: Ausgebaute Forststraße, für Autos und Fahrräder gesperrt.

Wanderkarten: Mayr Wander- und Tourenkarte 33, Zillertaler Alpen, Maßstab 1:35 000, oder Wanderkarte freytag & berndt Wk 152, Mayrhofen – Zillertaler Alpen – Gerlos – Krimml, 1:50 000.

Einkehrmöglichkeiten: Gasthof ›In der Au‹, (Mitte Mai bis Mitte Nov.), Kainzenalm (Juni bis Okt.).

Anfahrt: Mit dem Pkw: Inntalautobahn A12 bis Ausfahrt Zillertal, dann auf der B169 bis kurz vor Mayrhofen, dann links durch den Tunnel Richtung Brandberg/Zillergrund, nach dem Tunnel links auf der Mautstraße bis zum Gasthof ›In der Au‹ (Parkmöglichkeit). **Mit Bahn und Bus:** Stündl. mit der Bahn von Jenbach bis Mayrhofen, dann alle 2 Std. mit dem Bus der Zillergrund-Linie bis Haltestelle Gasthof ›In der Au‹. **Mit dem Bus:** Von Jenbach bis Mayrhofen, dann weiter mit der Zillergrund-Linie bis Haltestelle Gasthof ›In der Au‹.

Unsere Genusswanderung beginnt kurz hinter dem **Gasthof ›In der Au‹**. Auf einer Brücke überqueren wir den Ziller und folgen rechts dem Forstweg. Bis hinauf zur **Rachhüttenalm** (45 Min.) gewinnen wir gleich ordentlich an Höhe, begleitet vom Tosen des Sunderbachs, der rechter Hand in die Tiefe stürzt. Hinter der Alm wird der Weg zusehends flacher und das Tal öffnet sich langsam. Parallel zu unserer Route fließt der Sunderbach. Wer kann da noch einer ersten kühlenden Erfrischung widerstehen?

Kurze Zeit später sehen wir auf der rechten Seite die ersten Wasserfälle, die lautstark aus dem Kainzenkar herunterkommen. Danach ist es nicht mehr weit bis zur bewirtschafteten **Kainzenalm** (1.15 Std.), wo wir eine Rast einlegen können. Von der Alm führt ein kleiner Pfad näher an die Wasserfälle heran.

Nächste Etappe ist die **Mitterhüttenalm** (1.45 Std.). Von hier haben wir bereits einen sehr schönen Blick auf das Gletschergebiet unterhalb der Wollbachspitze. Die Landschaft um uns herum wird zunehmend karger, wir befinden uns bereits auf über 1700 m. Ein kurzes Stück weiter erreichen wir die **Schönhütten-**

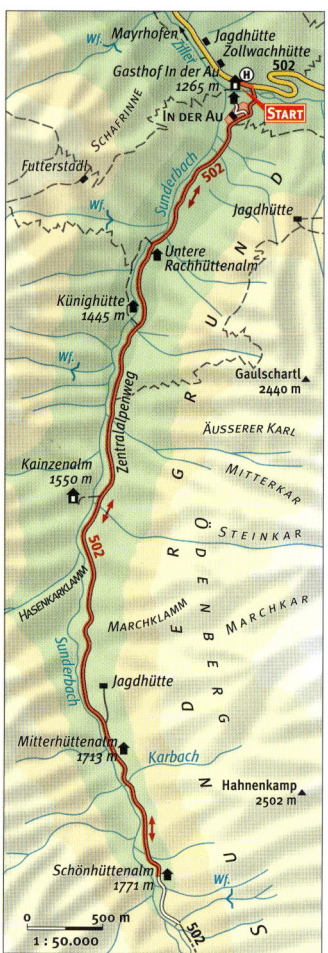

alm (2 Std.), die allerdings wie die Mitterhüttenalm nicht bewirtschaftet ist. Am Ende der ausgebauten Forststraße finden wir jedoch hinter einem Felsen einen Rastplatz, der besonders um die Mittagszeit optimal von der Sonne beschienen wird. Hier kann man wunderbar Rast machen und das Mitgebrachte verzehren.

Wer Lust hat, kann noch ein Stück auf dem weiterführenden Pfad in südlicher Richtung gehen. Bereits nach einigen hundert Metern zweigt der Berliner Höhenweg (AV-Weg Nr. 502) rechts ab. Auf diesem kann man über mehrere Tage vorbei an verschiedene Hütten am Zillertaler Hauptkammentlang wandern und endet schließlich an der Gamshütte oberhalb von Finkenberg. Die Wegstrecke hier über das Stangenjoch ist jedoch sehr schwer begehbar und nur erfahrenen Alpinisten zu empfehlen.

Geradeaus in Richtung Hörndljoch können wir jedoch bedenkenlos noch etwas weitergehen und uns den Sundergrund aus der Höhe betrachten. Der Weg über das Hörndljoch führt übrigens hinunter ins Ahrntal, das bereits in Südtirol (Italien) liegt.

Wir wandern dann auf demselben Weg, den wir gekommen sind, wieder zurück über die Mitterhüttenalm und die Kainzenalm hinunter zum Gasthof ›In der Au‹ im Zillergrund (3.30 Std.).

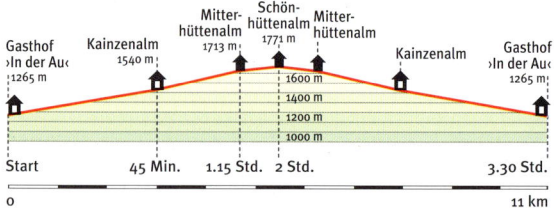

Schnellkurs in Sächsisch

Auf die Plauener Hütte

Die Plauener Hütte wird von der Alpenverein-Sektion Plauen/Vogtland betrieben. Kein Wunder also, wenn einem bei den meisten Begegnungen unterwegs zur Hütte anstelle des gewohnten »Grias di« ein sächsisches »Gunn Dach« entgegenschallt.

DIE WANDERUNG IN KÜRZE

++
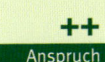
Anspruch

4.30 Std.
Gehzeit

900 m
An-/Abstieg

Charakter: Gut ausgebaute Wanderwege bis zum Beginn des Speichers Zillergründl, dann auf einer Forststraße am Speichersee entlang, danach teils steile, aber gut zu begehende Steige bis zur Plauener Hütte.

Wanderkarten: Mayr Wander- und Tourenkarte 33, Zillertaler Alpen, Maßstab 1:35 000, oder Wanderkarte freytag & berndt Wk 152, Mayrhofen – Zillertaler Alpen – Gerlos – Krimml, 1:50 000.

Einkehrmöglichkeiten: Gasthof Bärenbad (Anf. Juni bis Ende Sept., tägl.), Plauener Hütte (Mitte Juni bis Mitte Sept., tägl.).

Anfahrt: Mit dem Pkw: Inntalautobahn A12 bis Ausfahrt Zillertal, dann auf der B169 bis kurz vor Mayrhofen, dann links durch den Tunnel Richtung Brandberg/Zillergrund, nach dem Tunnel links auf der Mautstraße bis zum Gasthof Bärenbad. **Mit Bahn und Bus:** Stündl. mit der Bahn von Jenbach bis Mayrhofen, dann alle 2 Std. mit dem Bus der Zillergrund-Linie bis Haltestelle Gasthof Bärenbad. **Mit dem Bus:** Von Jenbach bis Mayrhofen, dann weiter mit der Zillergrund-Linie bis Haltestelle Gasthof Bärenbad.

Die Tour zur Plauener Hütte startet am Ende der Mautstraße am **Gasthof Bärenbad**. Wer die Wanderung abkürzen möchte, kann sich mit dem Bus auf der 3 km langen Privatstraße zum Speicher Zillergründl bringen lassen (Zeitersparnis ca. 1 Std.). Andererseits ist der abseits der Straße verlaufende, bequeme Wanderweg sehr schön zu begehen und lohnt in jedem Fall die Mühe des Aufstiegs.

Direkt hinter dem Gasthof führt der ausgebaute Wanderweg zunächst etwa 30 Min. durch ein schattiges Wäldchen an einem Bach entlang aufwärts, dann weiter über Welden hinauf zum **Speicher Zillergründl** (1 Std.).

Die beeindruckende Speichermauer baut sich fast beängstigend vor einem auf, 186 m ragt die Betonwand in die Höhe. Mit einer Kronenlänge von über 500 m ist sie die

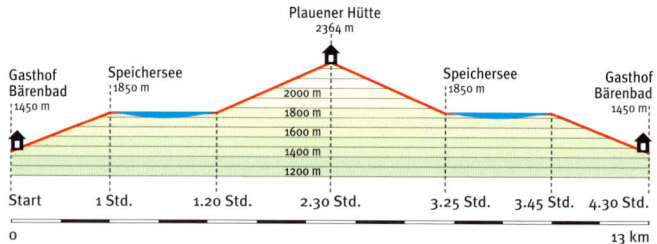

zweitgrößte Staumauer in Österreich. Ihre Dicke beträgt unten am Sockel stolze 42 m und selbst ganz oben sind es noch 7 m. Über 1000 Messstellen registrieren jede Veränderung in dem Bauwerk und geben sie automatisch an die Kraftwerkszentrale weiter. Je nach Jahreszeit ist der Stausee entsprechend gefüllt, im Frühjahr nach der Schneeschmelze erreicht der Wasserspiegel seinen Höchststand. Die

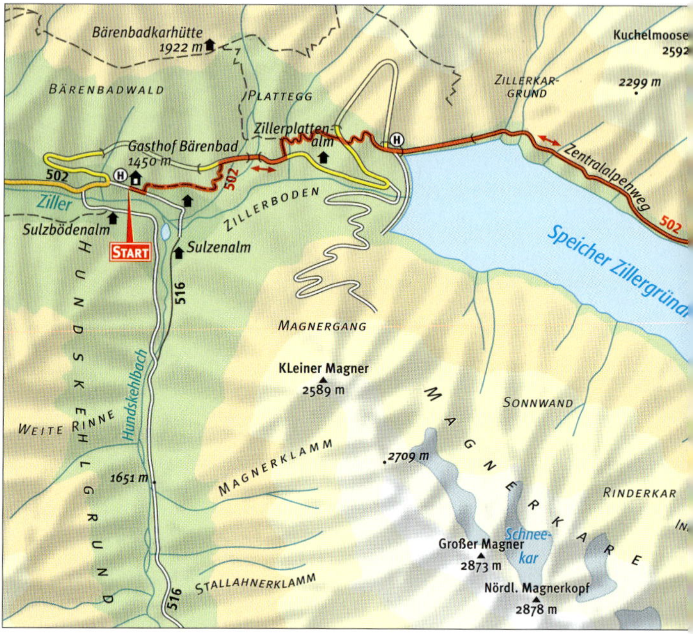

Wassermenge beträgt dann über 80 Mio. m³.

Auf der linken Seite der Staumauer müssen wir direkt neben der Bushaltestelle zunächst durch einen etwa 500 m langen Tunnel gehen, bis am Ende der Blick auf den Stausee und die dahinter liegenden Berge freigegeben wird. Dann wandern wir eben auf einem Forstweg am linken Ufer entlang und passieren mehrere große Wasserfälle.

Kurz vor dem Ende des Stausees (1.20 Std.) beginnt auf der linken Seite der Aufstieg zur Plauener Hütte. Schon von hier unten ist die Hütte, eingebettet in das Kuchlmooskar unterhalb der Richterspitze (3052 m), gut zu erkennen. Besonders im Frühjahr, wenn die Schneefelder noch weit herunter reichen, herrscht in dieser Gegend zumindest an Wochentagen eine sehr erholsame Ruhe.

Der Steig zur Hütte führt in Serpentinen hinauf, teils ziemlich steil, teils etwas flacher – fast immer gesäumt von Alpenrosen, die im Juli blühen. Im oberen Drittel geht es dann über Gestein. Fast unvermittelt taucht die **Plauener Hütte** (2.30 Std.) vor einem auf, nachdem sie zwischenzeitlich nicht zu sehen war.

Wer des Sächsischen noch nicht mächtig ist, kann auf der Plauener Hütte einen Schnellkurs erhalten. In der kleinen Gaststube kommt man leicht in Kontakt mit manch gut gelaunten Leute, die Stunden verrinnen schnell.

Der Rückweg zum **Gasthof Bärenbad** (4.30 Std.) erfolgt auf der Aufstiegsroute. Wem die Zeit etwas knapp geworden ist, kann auch gleich bei der Staumauer in den Bus Richtung Mayrhofen steigen.

Der Zillergrund

Sobald man den Brandberg-Tunnel verlässt und auf der Mautstraße Richtung Speicher Zillergründl fährt, ist man bezaubert von der Idylle des Zillergrunds.

Das Hochtal zieht sich etwa 24 km in die Bergwelt hinein, links und rechts reichen die saftigen Weiden weit die Berghänge hinauf. Im Zillergrund gibt es nur wenige Bauernhöfe, hinzu kommen einige Gasthäuser. Die Ruhe und Abgeschiedenheit zieht auf der anderen Seite wieder zahlreiche Touristen an, so dass an sonnigen Wochenenden auf der schmalen Mautstrasse ziemlich viel Verkehr herrscht.

Auf dem Weg zum
Stillupphaus (Tour 33) ▷

Register

Abbildungsnachweis

Fotos: Michael Reimer und Wolfgang Taschner

Karten und Höhenprofile: Berndtson & Berndtson Productions GmbH, Fürstenfeldbruck © DuMont Buchverlag, Köln

Impressum

Titelbild: Im Weißbachtal

Über die Autoren: Michael Reimer, Jahrgang 1962, war mehr als acht Jahre als Marketing- und Vertriebsleiter tätig. Seit Mitte 1997 arbeitet er selbstständig als Reisejournalist und Fotograf an verschiedenen Reise-, Wander- und Radführern sowie für Reise- und Outdoor-Fachjournale. Das Zillertal zählt seit seiner Jugend zu seinen bevorzugten Wandergebieten. Wolfgang Taschner, Jahrgang 1953, ist seit über 15 Jahren freier Fachjournalist und Herausgeber mehrerer Buchreihen. Er ist häufig als Reisebuch-Autor und Fotograf im In- und Ausland unterwegs. Spezialgebiet ist das naturnahe, sportlich-aktive Reisen.

Die deutsche Bibliothek – CIP-Einheitsaufnahme

Reimer, Michael:
Wandern im Zillertal / Michael Reimer und Wolfgang Taschner.- Köln: DuMont 2001
　(DuMont aktiv)
　ISBN 3-7701-5317-0

Graphisches Konzept: Groschwitz, Hamburg
© 2001 DuMont Buchverlag, Köln
Alle Rechte vorbehalten
Druck: Rasch, Bramsche
Buchbinderische Verarbeitung: Bramscher Buchbinder Betriebe

ISBN 3-7701-5317-0